Mein dickes
Weihnachtsbuch

Mein dickes Weihnachtsbuch

✶ Geschichten von Judith Allert ✶

✶ Mit Illustrationen von Stefanie Jeschke, ✶
Daniela Kunkel, Elli Bruder und Jennifer Coulmann

Inhalt

Dschungelweihnachten

★ Mit Bildern von Stefanie Jeschke ★

Faultier Ferdinand hängt träge im Eukalyptusbaum herum, Pepe, der Papagei knackt gemütlich ein paar Nüsse und Anton, der Affe (ein Schimpanse, genauer gesagt), versucht, mit drei Kokosnüssen zu jonglieren. Die Zikaden zirpen, eine Schlange schlängelt sich zischend durch das Dickicht. Kurz gesagt, es ist ein ganz normaler Nachmittag im Dschungel.

> **Wie klingt es im Dschungel? Was für Geräusche machen die drei Freunde und alles Drumherum?**

Jedenfalls ist so lange alles ganz normal, bis auf einmal ein lautes *Rums* erklingt. Etwas Großes, Rundes, Rotes plumpst von oben aus den Baumwipfeln herunter, saust an Ferdinand vorbei und reißt ihn ziemlich ruppig aus seinem Nickerchen! Pepe verschluckt sich an einer Nuss und Anton bekommt – poff – eine Kokosnuss genau auf den Kopf.

»Was war'n das?«, murmelt Ferdinand müde. Er gähnt breit und lang und reckt und streckt sich.

Pepe flattert ratlos mit seinen kunterbunten Flügeln und Anton klettert schnell ein Eukalyptusbaum-Stockwerk tiefer, um nachzusehen, was den ganzen Baum zum Wackeln gebracht hat.

»Guckt mal!«, ruft er. »Da ist ein total seltsames Tier gelandet!« Sofort fliegt Pepe zu ihm. Ferdinand braucht natürlich etwas länger. Wie in Zeitlupe klettert er von Ast zu Ast – und nimmt hier und da – mit allerlei Geschmatze – noch ein leckeres Blätterhäppchen zu sich.

Kannst du schmatzen wie Ferdinand Faultier?

Aber dann ist auch das gemütlichste Tier des Dschungels angekommen – und Ferdinand staunt genauso wie seine Freunde: So ein Wesen hat wirklich noch keiner von ihnen jemals gesehen!

Es ist ziemlich groß – fast wie ein Gorilla! Aber viel, viel dicker. Sein Bauch ist so rund, als hätte es zehn Kokosnüsse auf einmal verschluckt. Es hat knallrotes Fell, oben am

Kopf baumelt es als Zipfel herunter. Und im Gesicht hat es einen zotteligen weißen Puschel.

Welches seltsame Wesen hat da eine Bruchlandung im Dschungel hingelegt?

»Eieieiei«, ächzt das merkwürdige Tier. »Tut mir der Hintern weh! Könnt ihr mir bitte mal aufhelfen?«

Papagei Pepe und Anton, der Affe, packen sofort schnaufend und schwitzend an. Bis Ferdinand Faultier dazugekommen ist, sitzt der Besucher schon längst wieder aufrecht in den Ästen.

»Das war vielleicht eine Bruchlandung! Meine Rentiere haben die Kurve zu eng genommen. Und als ich aus dem Schlitten gepurzelt bin, haben sie sich erschrocken und sind einfach davongeflogen.«

»Schlitten?«

»Rentier?«

Pepe, Anton und Ferdinand gucken ziemlich ratlos.

»Kennt ihr mich denn nicht? Ich bin der Weihnachtsmann! Und eigentlich soll ich heute Abend die Geschenke verteilen.«

Weil die drei Freunde noch immer

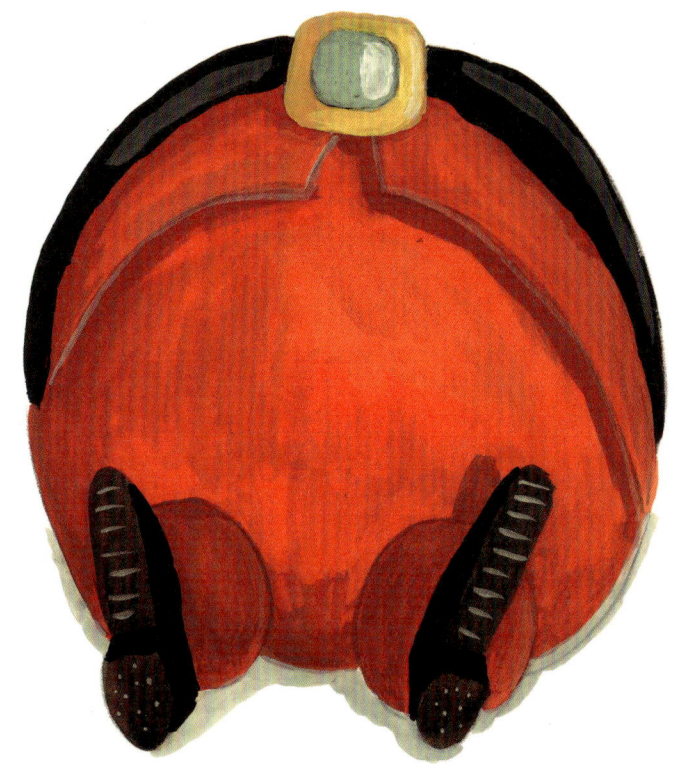

9

nicht verstehen, wovon dieser komische Weihnachtsmann spricht, erklärt der es ihnen ganz genau: Er kommt vom Nordpol mit einem riesigen Schlitten voller Geschenke – für alle Kinder auf der Welt. Auch was Schnee ist, muss er erklären und dass man sich an Weihnachten einen bunt geschmückten Baum ins Zimmer stellt, Kekse futtert und Gedichte aufsagt. Der Weihnachtsmann erzählt von leuchtenden Kinderaugen, funkelndem Kerzenschein, leckerem Essen und stimmt sogar ein paar Weihnachtslieder an.

Was fällt dir noch ein? Was macht für dich Weihnachten zu etwas ganz Besonderem?

»Und warum gibt's im Dschungel kein Weihnachten?«, stößt Anton schließlich ein bisschen eingeschnappt hervor. »Braucht man dafür unbedingt Schnee?«, fragt Pepe.

»Und – so – einen – Baum – mit – Kugeln – dran?«, fügt Ferdinand hinzu (nach jedem Wort macht er eine knappe Minute Pause).

Der Weihnachtsmann streicht sich nachdenklich über den Bart.

»Eigentlich nicht. Weihnachten kann man überall feiern. Auch ohne Schnee.«

»Bäume gibt's hier ja wohl genug!«, findet Anton.

Sie beschließen, an den Strand zu gehen und sich eine besonders schöne Weihnachtspalme zu suchen.

Unterwegs gerät der Weihnachtsmann ganz schön ins Schwitzen. Er hängt seinen dicken Mantel an einen Ast, auch die Mütze nimmt er ab. Am Schluss trägt er nur noch seine Unterwäsche.

Am Strand angekommen, schauen sie sich jede Palme ganz genau an – bis sie die allerschönste gefunden haben.

»Statt Glaskugeln gibt's eben Kokosnüsse!«, schlägt Pepe vor. Die müssen sie nur anmalen.

Muscheln und bunte Federn machen sich auch gut an der Weihnachtspalme.

»Oooooh, ist das ein toller Weihnachtsbaum!«, staunen die Freunde, als alles fertig ist.

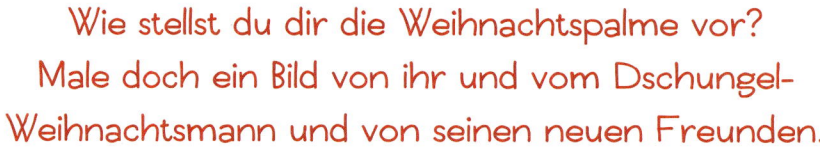

Wie stellst du dir die Weihnachtspalme vor?
Male doch ein Bild von ihr und vom Dschungel-
Weihnachtsmann und von seinen neuen Freunden.

Da guckt Ferdinand ganz erschrocken. »Aber Geschenke
haben wir nicht!«

Doch jeder findet noch eine Kleinigkeit, die er unter den Baum
legen kann.

Was könnten sich die Freunde schenken? Kannst du
auf der vorigen Seite etwas Passendes entdecken?

Und dann wird gesungen – ein echtes Dschungelweihnachts-
lied zur Melodie von Jingle Bells:

Weihnachten, Weihnachten am weißen Südseestrand.
Die Palme wird zum Weihnachtsbaum,
der Schnee, der ist aus Sand – hey!

Weihnachten, Weihnachten am weißen Südseestrand.
Statt Plätzchen gibt es Kokosnuss,
statt Schnupfen Sonnenbrand – hey!

»He, da seid ihr ja!«, ruft der Weihnachtsmann plötzlich.

Seine Rentiere landen mitsamt dem großen Weihnachtsschlitten im weichen Sand.

»Nun muss ich mal weiter – die anderen warten!«, sagt der Weihnachtsmann und steigt in den Schlitten. Vorher zieht er natürlich seinen Mantel an.

»Aber nächstes Jahr vergisst du uns nicht wieder!«, ruft ihm Anton hinterher. Er und seine Freunde bleiben noch ein bisschen unter der Weihnachtspalme sitzen und schauen dem Weihnachtsschlitten hinterher, wie er über dem Meer am weiten Horizont verschwindet.

Bruno und die Weihnachtskarten

✷ Mit Bildern von Jennifer Coulmann ✷

Heute ist der erste Dezember – gar nicht mehr so lange also, dann ist endlich Weihnachten! Das merkt man auch daran, dass in der ganzen Wohnung selbst gebastelte Sterne an den Fenstern hängen. Außerdem hat Bruno mit seinem Papa und seiner großen Schwester Lisa im Wohnzimmer schon die Holzkrippe aufgebaut. Die ist steinalt – noch von seinem Uropa! Und natürlich haben Bruno und Lisa auch einen Adventskalender.

Dafür hat sein Papa damals, als die Geschwister noch miniklein waren, 24 kleine Socken gehäkelt. Also 24 Socken für jeden. Und in jeder Socke ist etwas richtig Tolles drin. Heute versteckt sich in Brunos erster Socke eine kleine Packung leuchtender Fingerfarben. Kein Wunder also, dass für Bruno der Dezember der allertollste Monat im ganzen Jahr ist! Na ja, bis auf diese eine Sache jedenfalls. Diese Sache, die Bruno immer so ganz und gar nicht gefällt. Jedes Jahr am ersten Dezember verteilt Mama nämlich einen Riesenstapel Postkarten auf dem Wohnzimmertisch. Bruno seufzt. »Letztes Jahr waren das aber nicht so viele!«

Er würde jetzt viel lieber seine neuen Farben ausprobieren. Bruno malt nämlich supergerne. Und richtig gut. Aber Schreiben, das ist so was von anstrengend!

Seine Schwester Lisa sieht das anders: »Das macht doch total Spaß!« Und schon legt sie los.

Auch Mama und Papa machen mit – denn es sind ganz schön viele Karten: »Eine für Oma Edeltraut, eine für Tante Susa, Onkel Tom kriegt auch eine, Frau Lobmann sowieso, eine für …« Mama zählt noch eine ganze Reihe weiterer Namen auf.

Bevor es losgeht, sorgt Mama für die richtige Weihnachtsstimmung: Sie schaltet das Radio ein – aus dem dudelt natürlich Weihnachtsmusik –, zündet eine Kerze an und stellt eine Dose Plätzchen auf den Tisch. Die sind zwar superlecker, aber die ganze Schönschreiberei findet Bruno trotzdem unheimlich anstrengend! Liebe Oma E..., schreibt er. Buchstabe für Buchstabe, in Eins-a-Schnörkelschrift. Das dauert einfach ewig! Jedenfalls bei ihm. Während er noch mit der ersten Karte beschäftigt ist, haben Mama, Papa und Lisa schon fast ihre zweite fertig!

»Jetzt hab ich mich auch noch verschrieben!«, murrt Bruno und macht aus einem falschen a ein o.

Papa zwinkert ihm aufmunternd zu. »Später bauen wir ein Iglu im Garten, okay?«

Aber Bruno kann sich gar nicht drüber freuen. Seine Karte sieht überhaupt nicht schön aus – und Lisa hat schon einen ganzen Stapel fertig. Völlig fehlerfrei!

»Als ich so klein war wie du, konnte ich das auch noch nicht so gut«, sagt Lisa. Sie meint es ja nur nett, aber ein richtiger Trost ist das für Bruno auch nicht.

»Bin nicht klein«, murmelt er und macht weiter. Buchstabe für Buchstabe.

Liebe Oma Edeltraud, schreibt er. »Ach neee!« Seine Oma heißt doch Edeltraut. Mit hartem t!

»Ich kann das einfach nicht!« Bruno kullert eine dicke Träne die Wange herunter.

»Ach Bruno. Natürlich kannst du das!« Mama wuschelt ihm durch die Haare. »Übung macht den Meister!«

Aber Bruno hat keine Lust mehr. Am liebsten würde er die ollen Karten aus dem Fenster werfen!

»Du, ich hab eine Idee!«, sagt auf einmal Lisa. »Was hältst du davon ...« Sie tippt mit dem Finger auf Brunos nagelneue Fingerfarben. »... wenn du Oma und den anderen ein schönes Bild malst – und Mama, Papa und ich schreiben die Karten?«

»Klasse Idee!«, sagen Mama und Papa im Chor. Und Bruno ist natürlich ganz genau derselben Meinung.

Schnell macht er sich an die Arbeit. »Du kannst echt toll malen!«, sagt Lisa. Und mit einem Grinsen fügt sie hinzu: »Obwohl du noch so mini-mini-klein bist!«

Bruno verpasst ihr einen Knuff und grinst von einem Ohr bis zum anderen.

Anleitung zum Kartenbasteln

Das brauchst du:

Fotokarton, Schere, Bleistift, Fingerfarben, etwas Hilfe von Mama oder Papa

So geht's:

• Schneide eine Karte mit den Maßen 22 x 15 cm aus dem Fotokarton aus. Falte sie in der Mitte.
• Zeichne den Umriss eines Schneemanns mit Bleistift auf die Vorderseite der Karte.
• Tauche deinen Finger in weiße Fingerfarbe und tupfe entlang des Schneemannumrisses. Fülle dann den gesamten Schneemann mit Tupfen.
• Lasse die Farbe trocknen und tupfe danach auch den Besen, den Hut, die Karottennase und das Gesicht des Schneemanns mit bunter Fingerfarbe.
• Wenn die Karte getrocknet ist, kannst du sie in allerschönster Schnörkelschrift beschreiben und verschicken oder verschenken.

Das große Plätzchenchaos

★ Mit Bildern von Elli Bruder ★

Kurz vor Weihnachten, da macht man so viele tolle Sachen, Lara kann sich gar nicht entscheiden, was am tollsten ist. Vor dem flackernden, funkelnden Adventskranz zu sitzen, um mit Mama, Papa, Oma, Opa und ihrem kleinen Bruder Nils Weihnachtslieder zu singen? Oder jeden Morgen als Allererstes auf Socken und im Schlafanzug, zum Adventskalender zu tapsen und ein Türchen zu öffnen? Den Wunschzettel zu schreiben – ganz feierlich, in der allerordentlichsten, weihnachtlichen Schnörkelschrift (mit Sternchen statt normalen i-Punkten) – ist auch was ganz Besonderes. Und ... Nun, es gibt ungefähr tausend tolle Sachen in der Vorweihnachtszeit. So wie das Plätzchenbacken bei Eva. Eva ist die Schwester von Laras Mama – also Laras Tante. Bei Eva ist alles ganz anders als zu Hause. Zum Beispiel ist es bei Eva nie so richtig superordentlich. Mindestens ein Stapel benutzter Teller steht immer neben der Spüle. Und auf dem Küchentisch türmen sich Bücher, Stifte und Papier. Auf dem Teppich liegt Muffel, Evas Hund. Der ist fast so groß wie ein kleines Pony und hat weißes Wuschelfell. Wie ein wandelnder Wischmopp. Auf dem Fensterbrett über der Heizung schnurrt und schnarcht der dicke Kater Konstantin. Er ist getigert und hat einen weißen Fleck auf der Schnauze.

»So, jetzt machen wir erst mal Platz!«, verkündet Eva. Sie schnappt sich den Bücherstapel vom Küchentisch, balanciert den wackeligen Turm einmal quer durch die ganze Küche und stellt ihn auf das Telefontischchen im Flur. Dann spült sie das Geschirr, Lara trocknet ab und Nils räumt alles in den Schrank. Und dann kann es endlich losgehen mit der Plätzchenbackerei!

Also fast! Lara kratzt sich am Kopf. »Wo sind die Förmchen?«

Sofort beginnen die drei zu suchen. Gar nicht so leicht, in Evas Küche etwas zu finden.

Magst du den dreien beim Suchen helfen?
Wenn du ganz genau hinschaust, kannst du die
Plätzchenformen auf dem Bild erkennen!

»So, jetzt kann es aber wirklich losgehen!«, freut sich Lara, als alle Ausstechformen auf dem Tisch liegen.

»Hm, aber ohne Rezept geht gar nichts«, stellt Eva da fest. »Wo ist nur mein Backbuch?«

»Woff!«, meint Wuffel. Er hat das Backbuch anscheinend schon gesehen. Aber Eva nicht.

Wo hat Eva nur das Backbuch hingepackt? Siehst du es?

Als das Backbuch endlich gefunden ist, blättert Lara durch die Seiten. »Ich kann das Rezept für deine Lieblingsplätzchen nicht entdecken. Bist du sicher, dass es hier drinsteht?«, fragt Lara.

»Logo!«, erwidert Eva. Aber dann schüttelt sie doch den Kopf. »Ach nee. Das habe ich auf einen Zettel gekritzelt. Der müsste irgendwo in dem Backbuch liegen – guck doch noch mal!«

Lara blättert die Seiten durch. »Nix zu finden!«

Eva stemmt die Hände in die Seiten. »Der Zettel muss aber da drin sein!«

Hilf Eva bitte mal beim Suchen – und zeig ihr,
wie man ein Buch richtig gut durchschüttelt.
Dann fällt der Zettel bestimmt raus!

Aber so heftig sie das Buch auch schüttelt, kein Rezept weit und breit. Eva seufzt. »Ohne meine Lieblingsplätzchen wird das gar kein richtiges Weihnachten!«

»Woff!«, meldet sich da noch mal der Hund zu Wort.

»Super, Muffel!«, ruft Nils und kriecht unter den Tisch. Der Zettel mit dem Rezept liegt genau vor Muffels Schnauze auf dem Boden!

Endlich kann es losgehen. Eva und Lara stellen alle Zutaten auf die Küchentheke.

Zähl doch mal auf – was braucht man alles
zum Plätzchenbacken?

Bald darauf rattert die alte Küchenmaschine so sehr, dass sich eine dicke Mehlwolke im ganzen Raum verteilt. Außerdem will Kater Konstantin auch mitmachen und taucht seine Pfote in den Topf mit der Marmelade. Kurze Zeit später zieht sich eine erdbeerrote Pfotenspur von der Theke über den Fußboden bis hinaus in den Flur. Da wird auch Muffel wieder munter. Er rappelt sich auf, schüttelt sich und schleckt den Boden, Marmeladenpfote für Marmeladenpfote, wieder sauber.

Eva rollt den Teig glatt und Lara und Nils stechen die Plätzchen aus. Dann Ofen an – und hinein mit den Blechen. Schon wird er nächste Teig angerührt.

»Hier riecht's aber knusprig!« Irgendwann rümpft Nils die Nase.

»Oh nein, der Ofen!«

Die drei haben die erste Ladung Plätzchen vergessen!

Eva reißt den Ofen auf und Lara das Fenster. Aber zum Glück sind die Kekse noch nicht verbrannt.

24

»Nur gut durch!«, grinst Eva. Die mit den dunklen Rändern dürfen Anna und Nils sofort probieren.

»Ein Glück, dass wir den Ofen vergessen haben«, kaut Nils schmatzend.

»Woff!«, sagt Muffel dazu – und sahnt auch einen Keks ab.

Nur von Kater Konstantin ist nichts zu sehen.

»Hoffentlich ist er mit seinen Marmeladenpfoten nirgends kleben geblieben«, kichert Lara.

Dann machen sie sich an die nächste Sorte Plätzchen – und da huscht auch Konstantin mit einem hungrigen Maunzen schon wieder zur Tür hinein. »Aber Mäusekekse backen wir nicht!«, sagt Nils bestimmt.

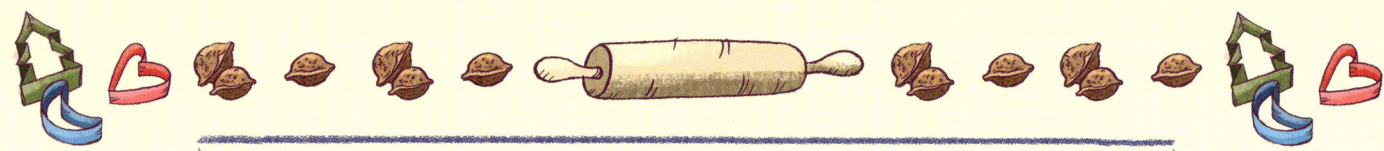

Hast du auch Lust, gemeinsam mit deinen Eltern

Evas Lieblingsplätzchen

zu backen?
Hier ist das leckere Rezept.

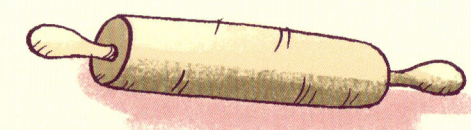

Das brauchst du:

- 500 g Mehl
- 200 g Zucker
- 1 Pck. Vanillezucker
- 250 g Butter
- 2 Eier
- ½ Pck. Backpulver
- etwas abgeriebene Zitronenschale
- Mehl für die Arbeitsfläche
- ein Nudelholz zum Teigausrollen
- Förmchen zum Ausstechen
- ein bisschen Hilfe von einem Erwachsenen und etwas Geduld

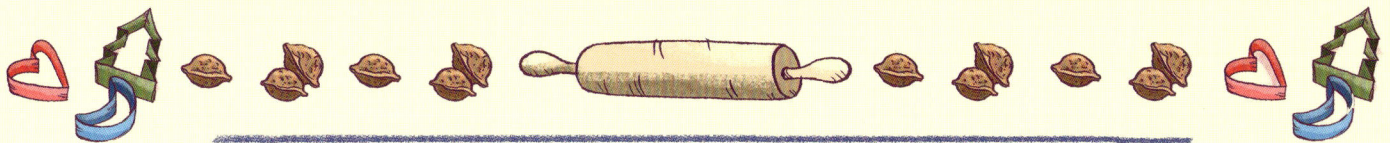

So geht's:

• Gib zuerst die Butter, den Zucker, den Vanillezucker und die Eier in eine große Schüssel und verrühre alles mit einem Rührgerät.

• Dann gib vorsichtig Mehl und Backpulver hinzu und knete die Zutaten mit dem Rührgerät ordentlich durch, bis ein fester Teig entsteht.

• Lasse den Teig nun im Kühlschrank eine halbe Stunde ruhen.

• Rolle den Teig mit dem Nudelholz auf einer bemehlten Arbeitsfläche dünn aus.

• Nun kannst du die Plätzchen ausstechen.

• Backe die ausgestochenen Plätzchen für 8–10 Minuten bei 200 Grad Ober- und Unterhitze auf mittlerer Schiene, bis sie leicht gebräunt sind. Lass dir dabei unbedingt von einem Erwachsenen helfen. Am Backofen kann man sich schnell verbrennen.

• Nun kannst du die Plätzchen abkühlen lassen und anschließend verzieren oder gleich wegknuspern.
Lecker, oder?

Spezialtipp: Wenn du magst, kannst du deine Plätzchen mit geschmolzener Schokolade, Lebensmittelfarbe oder Zuckerguss und bunten Streuseln verzieren.

Der Weihnachtsmann macht Urlaub

★ Mit Bildern von Stefanie Jeschke ★

Kurz vor Weihnachten ist im Weihnachtsdorf ziemlich was los! Kein Wunder, schließlich wollen bald alle Kinder auf der Welt ihre Geschenke haben. Und zwar genau die, die auf ihren Wunschzetteln stehen – hübsch verpackt und superpünktlich zur Bescherung! Das klappt natürlich nur, wenn alle helfen. Eine ganze Horde Post-Wichtel sortiert die vielen, vielen Wunschzettel. Wahre Wunschzettel-Berge sind das! Eine Truppe Weihnachtsfeen besorgt dann die Geschenke. Fast unendlich viele Geschenke. Im Weihnachtsdorf gibt es eine ganze Straße, in der alle Häuser bis unters Dach voll mit Geschenken sind. Die müssen jetzt eingepackt werden. Darum kümmert sich eine fleißige Mannschaft Elfen. Fein säuberlich werden Puppen, Spielzeugautos, Bücher, Plüschtiere und vieles, vieles mehr kunterbunt eingewickelt und mit Schleifchen versehen. Auch ein Kärtchen kommt an jedes Geschenk – handgeschrieben vom Weihnachtsmann persönlich.

Aber Moment mal, wo ist er denn, der Weihnachtsmann?

»Der müsste längst da sein!«, meinen die Feen.

»Also, wir haben ihn auch noch nicht gesehen«, sagen die Elfen.

Auch die Wichtel schütteln im Gleichtakt ihre Köpfe – keine Spur vom Weihnachtsmann! Selbst seine Rentiere, die sich gerade beim Friseur ihr Fell bürsten lassen, haben keine Ahnung, wo ihr Chef ist. Sofort beginnen alle zu suchen – aber der Weihnachtsmann ist einfach nicht zu finden.

Ein paar Feen sind ganz aufgeregt: »Was machen wir jetzt?«

»Ohne Weihnachtsmann kein Weihnachten!«, rufen die Elfen.

»Die Kinder auf der ganzen Welt werden diese Enttäuschung nicht aushalten!«, schniefen die Wichtel.

Kannst du den Weihnachtsmann irgendwo entdecken?

Endlich ist der Weihnachtsmann gefunden. Aber er schnarcht tief und fest und mag einfach nicht aufwachen!

»Wir müssen ihn laut rufen!«, sagen die Feen.

Dazu brauchen die Wichtel deine Hilfe. Bei drei geht's los. Eins, zwei, drei:

»Aufwachen, Weihnachtsmann!«

»Nix. Der rührt sich nicht. Schlummert einfach weiter«, sagt einer der Wichtel.

»Dann müssen wir ihn wach pusten!«, schlagen die Elfen vor – und sofort helfen alle mit.

Puste dem Weihnachtsmann ins Gesicht, bis er wach wird!

Gut gemacht! Aber der Weihnachtsmann ist so müde, als hätte er jahrelang nicht geschlafen. Er grunzt nur ein bisschen und dreht sich dann auf die andere Seite.

»Und jetzt?«

»Keine Ahnung!«

»Der verschläft noch Weihnachten!«

Alle sind ziemlich ratlos.

Bis ein Elch mit seiner Nase von draußen ans Fenster klopft.

Eigentlich wollte er nur ein paar Kekse abstauben, aber jetzt hat er die rettende Idee:

»Ihr müsst ihn kitzeln. An den Füßen! Das hilft garantiert!«, blökt er.

Und so wird es gemacht.

Los! Mach mit! Kitzele den Weihnachtsmann wach!

Perfekt! Das hat geklappt – aber Weihnachten ist deshalb noch lange nicht gerettet!

Der Weihnachtsmann gähnt und streckt sich und reibt sich die Augen.

»Ich kann nicht mehr. Der ganze Stress ist mir zu viel. Ich brauche Urlaub – und zwar sofort!«, sagt er.

»Aber das geht doch nicht!«

»Unmöglich!«

»Ohne dich bekommen die Kinder keine Geschenke!«

Von allen Seiten hagelt es Protest.

Doch der Weihnachtsmann schüttelt eisern den Kopf. »Nach über zweitausend Jahren hab ich mir wirklich mal eine Auszeit

verdient! Ich will in die Sonne. An den Strand.
Mit Palmen und Kokosnüssen. Aber keine Sorge.
Spätestens Ostern bin ich wieder da!«

Dann steht er auf, spaziert zur Tür hinaus und kurz
darauf sehen ihn seine Freunde im Rentierschlitten
davonfliegen. Mit Sonnenbrille und Badehose!

»Und jetzt?«, fragen die Wichtel.

»Wir brauchen einen Ersatz – und zwar dringend!«,
sind sich alle einig.

Wenig später steht ein großes Schild mitten auf dem Marktplatz
des Weihnachtsdorfes: »Großes Vorsprechen – ein Ersatzweih-
nachtsmann muss her!«

Und einen Wimpernschlag später ist die Schlange schon ziemlich lang.

Ein Eisbär mit Weihnachtsmannmütze. Der Osterhase mit
Rauschebart. Ein Schneemann im roten Mantel. Sogar ein
Pinguin hat sich verkleidet.

Überall erklingt es im
Chor:

»Hohoho, ich bin der
Weihnachtsmann!«

»Bist du auch schön brav
gewesen?«

»Frö-ö-ö-öhliche Weihnachten!«

32

Mach mit! Unterstützt du den
Ersatzweihnachtsmannchor ein bisschen?

Die Wichtel, Elfen und die Feen gucken sich mit einem Schulterzucken an.

»Gar nicht schlecht!«

Aber so richtig entscheiden können sie sich nicht.

»Macht ja nix«, finden die Elfen. »Es sind doch eh so viele Kinder auf der Welt – da kann es nicht schaden, wenn ein paar Weihnachtsschlitten mehr durch die Lüfte sausen!« Deswegen gibt es in diesem Jahr viele verschiedene Weihnachtsmänner! Und so manche Kinder wundern sich, als sie am Weihnachtstag riesengroße Pfotenabdrücke im Wohnzimmer finden. Oder eine Pinguinfeder. Und auch mal ein Osterei …

Aber das Wichtigste ist – jeder kriegt am Ende pünktlich seine Geschenke.

Auch der Weihnachtsmann ist hochzufrieden. Schon ein paar Tage später flattert eine Postkarte ins Weihnachtsdorf:

Ho-ho-ho aus der Südsee! Ich freu mich, dass ihr auch ohne mich so brav gewesen seid. Aber keine Sorge, nächstes Jahr mache ich wieder mit!

PS: Kokosnüsse sind fast so lecker wie Schokonikoläuse!

33

Klar gibt's den Weihnachtsmann!

✸ Mit Bildern von Daniela Kunkel ✸

Martha sitzt mit ihrer Familie am Küchentisch. Aus dem Radio dudelt »Stille Nacht«.

> Das Lied kennst du doch bestimmt!
> Kannst du es singen? Oder summen?

Es gibt Kekse und süßen Punsch. Draußen vor dem Fenster fallen dicke Schneeflocken. Überall in der Küche hat Mama Marthas und Hannes' selbst gebackene Salzteig-Figuren aufgehängt.

> Findest du alle? Wie viele sind es?

Alles ist so, wie es sich an Weihnachten gehört! Zum Glück – denn morgen ist endlich Heiligabend!

»Warum müssen wir am Weihnachtstag eigentlich immer bis abends warten, bevor wir ins Wohnzimmer dürfen?« Sehnsüchtig betrachtet Martha das 24. Türchen an ihrem Adventskalender.

»Na, damit der Weihnachtsmann in Ruhe alles vorbereiten kann«, erwidert Mama.

»Außerdem ist es so doch viel spannender – mit der abgesperrten Tür«, findet Papa.

»Vorfreude ist die schönste Freude!«, sagt Oma.

»Nee, Freude ist die schönste Freude«, findet Hannes, Marthas großer Bruder. Dann verschränkt er die Arme. »Aber mal im

Ernst – das mit dem Weihnachtsmann ist doch Quatsch. Ihr legt die Geschenke selbst unter den Baum!«

»Hannes!«, mahnt ihn Mama und guckt ihren Sohn streng an.

Papa schüttelt energisch den Kopf. »Also bitte – wir haben ja wohl Besseres zu tun, als auch noch Weihnachtsmann zu spielen!« Allerdings kriegt Papa ganz rote Ohrläppchen, als er das sagt.

»Du flunkerst!«, ruft Martha da und guckt ganz erschrocken. »Heißt das, es gibt wirklich keinen Weihnachtsmann?«

»Nur Babys glauben an den«, beharrt Hannes.

»Jeder kann glauben, was er mag«, findet Oma. »Und ich mag die Vorstellung, dass der Weihnachtsmann uns die Geschenke bringt.«

Da hat sich Martha schon wieder ein bisschen beruhigt. Aber ein blödes Gefühl im Bauch bleibt trotzdem. Gibt's den Weihnachtsmann jetzt oder nicht?

Später, als Hannes und sie schon im Bett sind, flüstert sie in die Dunkelheit: »Du Hannes, schläfst du schon?«

»Hm«, murmelt Hannes, im Bett nebenan, müde. »Was'n los?«

»Es gibt den Weihnachtsmann – bestimmt!«, sagt Martha.

»Na klar. Genau wie den Osterhasen und das Sockenmonster und den Klomann ...«

»Den Weihnachtsmann gibt es! Ich bin mir sicher! Und ich werde es beweisen«, beharrt Martha.

Sie hört, wie Hannes' Decke raschelt und er sich in seinem Bett aufsetzt.

»Und wie willst du das machen?«

»Warte nur ab«, sagt Martha geheimnisvoll.

Ein bisschen müssen sie noch warten – bis Papas Schnarchen über den Flur zu ihnen herüberklingt.

Mach mit! Wie hört sich das an, wenn Papa schnarcht?

Martha steht auf und tappt auf Zehenspitzen zu Hannes rüber. Er ist schon wieder eingeschlafen! Vorsichtig zieht sie ihm die Decke weg, legt den Finger an den Mund und winkt ihn hinter sich her.

Leise, ganz leise schleichen sie durch den Flur.

Wie sieht das aus, wenn man ganz leise schleicht?
Kannst du es vormachen?

»Hörst du das? Da sind doch Schritte!«, flüstert Martha. Ihre Stimme klingt vor Aufregung ganz heiser.

»Bestimmt knarzt nur der Schrank!«, sagt Hannes. Aber Martha spürt, dass er etwas ganz anderes denkt!

Dann drückt Martha die Tür zum Wohnzimmer auf. Stück für Stück für Stück.

»Hallo? Weihnachtsmann?« Sie lugt durch den Spalt. Es ist fast dunkel, nur der weiße Schnee vor dem Fenster wirft einen schummrigen Lichtschein in das Zimmer.

Da schiebt sich Hannes einfach an Martha vorbei und knipst das Licht an: »Siehste – nix! Keine Spur vom Weihnachtsmann!«

Bist du der gleichen Meinung wie Hannes? Oder
kannst du vielleicht verdächtige Spuren entdecken?

Der Tannenbaum steht schon im Wohnzimmer, aber ohne Kugeln und Kerzen. Und im grellen Lampenlicht sehen auch die Weihnachtskrippe und der getöpferte Engelschor ziemlich unweihnachtlich aus.

»Das war zu früh. Wir müssen warten!«, beharrt Martha – und hofft so sehr, dass sie recht hat.

Erst murrt Hannes ein bisschen, aber dann versteckt er sich doch mit ihr hinter dem Sofa. Vorher knipsen sie das Licht wieder aus.

Sie warten und warten. Aber alles bleibt still.

Oder?

»Hier schnauft doch jemand!«, flüstert Martha. Ihr Herz rast.

Auch Hannes lauscht. »Nee. Papa schnarcht. Sonst nix!«

Also warten sie weiter. So lange, bis beide immer wieder gähnen müssen. Und dann – fallen ihnen die Augen zu.

Erst als sie ein Lachen hören – ein tiefes, brummiges Lachen –, wachen beide wieder auf. Leise krabbeln sie hinter dem Sofa hervor – und können nur noch staunen. Der Baum ist geschmückt! Die Kerzen leuchten, die Kugeln funkeln. Unter unter dem Baum liegen bunte Päckchen.

»Das waren Mama und Papa. Ganz sicher!«, sagt Hannes. Doch seine Stimme klingt irgendwie wackelig und ungläubig.

Da ertönt noch einmal ein Geräusch – der Wind pfeift durch das Fenster hinein. Denn es steht weit offen!

Wie hört es sich an, wenn der Wind pfeift?
Mach mit!

Martha und Hannes eilen ans Fenster.

»Gibt's ja nicht!«, stößt Hannes hervor.

»Gibt's sehr wohl!«, seufzt Martha zufrieden.

Sie sehen den Weihnachtsmann gerade noch mit seinem Schlitten hoch oben im funkelnden Sternenhimmel verschwinden.

Hannes' und Marthas Salzteig-Figuren

Das brauchst du:
- 1 Tasse Wasser • 1 Tasse Salz • 2 Tassen Mehl
- 1 Teigrolle • Ausstechförmchen • Acrylfarbe
- Pinsel • festes Band • Hilfe von Mama oder Papa

So geht's:
- Gib Wasser, Salz und Mehl in eine Schüssel und vermische die Zutaten miteinander.
- Hole dann die Masse aus der Schüssel heraus und knete sie zu einem festen, verformbaren Teig.
- Nun kannst du den Salzteig ausrollen und viele Figuren ausstechen.
- Nach dem Ausstechen drückst du mit einem Stift oder einem Zahnstocher ein kleines Loch in jede Figur.
- Dann schiebst du den Salzteig für circa zwei Stunden bei 150 °C in den Backenofen. Lass dir dabei unbedingt von einem Erwachsenen helfen.
- Nach dem Backen lässt du die Anhänger ganz ordentlich abkühlen.
- Dann kannst du mit dem Anmalen beginnen! Zum Schluss ziehst du ein Bändchen durch die Löcher. Fertig sind die Salzteig-Figuren!

Viele kleine Weihnachten

★ Mit Bildern von Jennifer Coulmann ★

Vor dem richtigen Weihnachtsfest am 24. Dezember gibt es meistens ziemlich viele Mini-Weihnachtsfeiern. Ich zum Beispiel gehe immer zur Weihnachtsfeier im Turnverein. Dort zeigt jede Turngruppe, was sie kann. Weil ich in der Tanzgruppe bin, tanzen wir natürlich. Diesmal haben wir uns als wilde Engel verkleidet. Als Engel mit bunten, hochgesprayten Haaren und total verrückten Kleidern. Das war echt cool!

Im Reitstall gibt es auch jedes Jahr eine Weihnachtsfeier. Wir Kinder setzen uns und den Ponys Nikolausmützen auf und backen für alle Weihnachtsplätzchen. Also nicht nur mit Schokolade und so. Auch welche mit Möhren und Hafer. Die schmecken eigentlich genauso gut wie die mit Schokolade. Außerdem findet immer eine Weihnachtsfeier in der Schule statt. Die letzte war echt lustig!

Jeder hat von zu Hause einen Teller Plätzchen mitgebracht. So hatten wir mindestens 30 verschiedene Sorten. Eine leckerer als die andere! Und dann haben wir erst mal gebastelt. Sterne aus Transparentpapier. Kennst du die? Die sind echt toll! Und gar nicht schwierig zu basteln!

Wenn du die Sterne auch basteln willst, findest du die Anleitung am Ende der Geschichte!

Wegen der Bastelei haben viele auch erst mal unheimlich rumgemeckert. Außer Ben, dem macht das total Spaß. Der bastelt zu Hause sogar Omigabi. Ich meine Origami. Jedenfalls hat er den anderen alles supergeduldig erklärt und als am Ende jeder seinen Stern hatte, wurde auch nicht mehr herumgemosert. Aber gut, ein paar Zwischenfälle gab es schon. Zum Beispiel hat Tilo aus Versehen Katis fertigen Stern zerschnitten. Also, er hat jedenfalls gesagt »aus Versehen«, aber die beiden kabbeln sich eh die ganze Zeit, vielleicht war es also auch Absicht. Das hat sich wohl auch unsere Lehrerin gedacht und Tilo musste Kati helfen,

einen neuen zu basteln. Und dann hat Finn noch die Seiten seines Deutschhefts zusammengeklebt. »Aus Versehen«, hat auch er gesagt. Aber der wusste nur ganz genau, dass er wieder tausend Fehler in seinem Aufsatz hat. Jedenfalls muss er den noch mal schreiben. Hilft alles nichts. Zu guter Letzt war da dann noch die Sache mit Heiko. Der hat fast gar nichts gebastelt – nicht mal einen Stern hat er fertigbekommen –, sondern die ganze Zeit nur Kekse gemampft. Weil er zu Hause nie Süßes essen darf. Irgendwann war er ganz grün im Gesicht. Wie eine wandelnde Salatgurke. Aber als er sich ein paar Minuten ans offene Fenster gesetzt hat, ging es zum Glück wieder. Dafür hat Steffi jetzt Schnupfen wegen der Zugluft!

Dann war Schluss mit der Bastelei und der Weihnachtsspiele-Nachmittag stand auf dem Programm.

Los ging es mit »Der Weihnachtsmann packt seinen Sack«.

Das ist wie »Ich packe meinen Koffer« – nur anstatt Reisekram packt der Weihnachtsmann natürlich Geschenke ein.

Jeder packt eine Sache dazu und muss sich auch merken, was derjenige vor ihm reingepackt hat. Und so wird die Reihe immer länger und länger. Also zum Beispiel: ein Buch, ein Kuscheltier, ein Haarreif, ein Spielzeugauto und so weiter.

Probiere das Spiel doch auch mal aus!

Natürlich haben da wieder einige Quatsch gemacht. Flo zum Beispiel hat sich immer total alberne Geschenke ausgedacht. Eine Nacktschnecke zum Beispiel. Oder ein Glasauge. Aber ganz ohne Quatsch ist es ja auch langweilig, deshalb hat unsere Lehrerin auch nicht gemeckert. Na ja und überhaupt sollte man an Weihnachten nicht so viel meckern. Das ist doch das Fest der Liebe!

Als Nächstes haben wir Kerzenauspusten gespielt. Da war Lars der Beste. Kein Wunder, der spielt ja auch Trompete und kann über eine Minute lang die Luft anhalten!

Bei dem Spiel stehen ganz viele Kerzen nebeneinander auf einem Holzbrett. Damit sie nicht umfallen, sind sie mit Wachs

festgeklebt. Und dann wird um die Wette gepustet. Wer mit einem Atemzug die meisten Kerzen auspustet, hat gewonnen!

Los, jetzt bist du dran!
Puste, so fest du kannst!

Und dann war Bescherung angesagt. Wichtel-Bescherung. In großen Gruppen ist Wichteln richtig super, es kann ja schlecht jeder jedem was schenken. Sonst würde man das Taschengeld von einem ganzen Jahr verprassen!

Also, falls ihr Wichteln noch nicht kennt, das geht so: Jeder schreibt seinen Namen auf einen kleinen Zettel. Die kommen alle in einen Topf oder einen Hut oder sonst was und reihum zieht dann jeder wieder einen Namen heraus. Wenn man sich selber gezogen hat, muss man den Zettel natürlich noch mal zurücktun. Sich selbst beschenken ist ja doof! Manchmal zieht man seine allerbeste Freundin. Dann ist es einfach. Weil man meistens weiß, was die sich wünscht oder mag. Aber oft erwischt man jemanden, den man gar nicht so gut kennt, und dann muss man ganz schön grübeln, damit man etwas findet, was demjenigen gefällt.

Das dürfen natürlich keine superteuren Geschenke sein. Bei uns in der Schule darf man fünf Euro ausgeben. Fünf Euro und zwei Cent oder so, das würde wahrscheinlich auch noch gehen.

Ich hab jedenfalls Erik gezogen. Das ist der Klassenclown und deshalb hat er von mir ein Pupskissen bekommen. Damit es besonders weihnachtlich ist, hab ich etwas Glitzer draufgemacht. Er hat sich auch wirklich gefreut – und ganz wunderbar feierlich damit herumgepupst! Und ich, ich hab ein kleines Notizbuch gekriegt. Das ist total schön, aber von wem das sein könnte, weiß ich immer noch nicht. So, jetzt muss ich aber mal aufhören mit dem Erzählen. Ich muss nämlich schon wieder zur nächsten Weihnachtsfeier. Und zwar zu der richtigen – der bei uns im Wohnzimmer!

Frohe Weihnachten miteinander!

Bastelanleitung für bunte Weihnachtssterne

Das brauchst du:

☆ buntes Transparentpapier ☆ eine Schere ☆ einen Klebestift ☆ und vielleicht ein bisschen Hilfe von Papa oder Mama

✴ Schneide zwei Quadrate aus dem Transparentpapier aus. Die Größe kannst du selbst bestimmen, es können zum Beispiel 10 x 10 cm sein.

✴ Nimm das erste Quadrat. Falte es zunächst von oben nach unten und öffne es wieder. Falte es danach von rechts nach links und öffne es wieder. So entsteht ein Kreuz.

✴ Falte nun die rechte obere Ecke auf die linkere untere Ecke und öffne das Quadrat wieder. Falte zuletzt die linke obere Ecke auf die rechte untere Ecke. Nun hast du ganz viele Falze erzeugt.

✴ Siehst du das Kreuz? Schneide die Falze des Kreuzes ca. 2 cm tief ein.

✴ Nun kannst du die eingeschnittenen Seiten jeweils zum Mittelfalz klappen. Es entsteht ein Stern mit vier Zacken.

✴ Beim zweiten Quadrat wiederholst du alle Schritte. So entstehen zwei vierzackige Sterne.

✴ Zuletzt klebst du die beiden Sterne versetzt aufeinander. Tadaaa, fertig ist dein bunter Stern!

Warten auf Weihnachten

★ Mit Bildern von Elli Bruder ★

Der 24. Dezember ist der längste Tag im ganzen Jahr. Obwohl der natürlich auch nur 24 Stunden hat. Aber so vom Gefühl her ist er doppelt so lang – mindestens! Das liegt an dieser Warterei. Gleich nach dem Aufstehen geht es damit los. Also, bei Christoph und seinem Bruder Lenny ist das jedenfalls so – aber bestimmt auch bei vielen, vielen anderen Kindern! Am Weihnachtsmorgen hüpfen Christoph und Lenny ganz schön früh aus dem Bett. Da ist es draußen noch stockdunkel.

»Schlaft doch noch ein bisschen«, murmelt Mama müde, als die beiden an ihrer Decke zupfen. Papa macht nicht mal die Augen auf, sondern dreht sich nur auf die andere Seite und grunzt vor sich hin.

»Aber wir sind so aufgeregt!« Lenny hüpft auf und ab.

»Supermega aufgeregt!«, stimmt Christoph ihm zu.

Also dürfen die beiden fernsehen. »Warten auf das Christkind« läuft da passenderweise. Aber selbst das ist irgendwann langweilig. Schließlich wird erst mal gefrühstückt. Und dann liegt immer noch soooo ein langer Tag vor ihnen!

Natürlich linsen sie durchs Wohnzimmer-Schlüsselloch. Ungefähr im Fünfminutentakt. Das ist nämlich abgesperrt. Aber sie

sehen absolut gar nichts. Nicht mal das kleinste Christbaumker-
zenfunkeln.

»Können wir nicht etwas früher bescheren? So mittags?«, fragt
Christoph.

Da lacht Mama nur – dabei ist das eine total ernste Frage
gewesen. Mama war doch auch mal klein! Die muss doch
wissen, wie fürchterlich und schrecklich diese Warterei ist!

»Komm, wir lesen ein Buch!«, schlägt Papa vor. Christoph und
Lenny kuscheln sich mit ihm ins Doppel-Mama-Papa-Ehebett.
Mama zündet auf dem Nachttischchen eine Kerze an und es

gibt Weihnachtsplätzchen. Gemütlich ist das schon. Und die Weihnachtsgeschichten sind wirklich lustig!

Doch irgendwann ist Papa schon richtig heiser und es ist immer noch ganz schön viel Nachmittag übrig. Lenny und Christoph maulen unzufrieden. Da klatscht Mama in die Hände.

»So! Jetzt ist Schluss mit dem Gemecker. Jetzt beginnt das offizielle Weihnachtstag-Zeitverkürzungsprogramm!«

Christoph, Lenny und auch Papa gucken Mama gespannt an. Die winkt die drei hinter sich her: »Folgt mir – in die großartige Abteilung für Weihnachtstag-Zeitverkürzung!«

»Das ist doch nur die Küche!«, kichert Lenny, als sie angekommen sind.

Aber von wegen!

Zuerst stellt Mama den beiden Brüdern zwei Gläser Wasser hin. Vor jede Nase eins.

»Und jetzt wird gegurgelt!«, sagt sie. »Jeder denkt sich ein weihnachtliches Wort aus, der andere muss es erraten!«

»Onnnenbaaaa«, legt Lenny als Erster los.

»Sonnenbrand?«, fragt Christoph.

Da muss Lenny so lachen, dass er ausspuckt.

»Den hat man doch nicht an Weihnachten!«, sagt er.

»Wenn man auf einer Südseeinsel feiert, schon«, findet Christoph.

Aber dann fällt ihm ein, was Lenny gesagt hat:

»Tannenbaum!«, ruft er und Lenny und Mama klatschen.

Danach ist Christoph dran und auch Mama macht mit. Dabei kommen ziemlich lustige Wörter raus.

Hinterher ist die Wartezeit schon ein ganzes Stück kürzer geworden. Aber noch nicht kurz genug! Zum Glück hat auch Papa eine gute Idee für das Weihnachtstag-Zeitverkürzungs-programm.

»Wir dichten uns ein nagelneues Weihnachtsgedicht!«, schlägt er vor. Es wird gereimt, was das Zeug hält.

Jeder gibt ein Wort vor.

»Tannenbaum«, sagt Papa.

»Schnee«, sagt Mama.

»Vanilleeis«, kichert Lenny.

»Bienenstich!«, schlägt Christoph vor.

Und dann wird losgedichtet:

Am Tannenbaum klebt, süß und weiß,
Schnee und auch Vanilleeis.
Ich schleck ihn ab – es piksen mich
die Nadeln wie ein Bienenstich!

53

> Und? Magst du dir auch ein lustiges
> Weihnachtsgedicht einfallen lassen?

»Und jetzt?«

»Was machen wir als Nächstes?«, fragen die Jungs.

Mama muss nicht lange überlegen. Sie legt den beiden Papier und Buntstifte auf den Tisch.

»Ihr malt einen Weihnachtsbaum. Aber einen, den es noch nie gegeben hat! Den verrücktesten auf der ganzen Welt!« Christoph und Lenny kritzeln sofort los.

Lennys Baum ist voller Bananen. Und der von Christoph steht auf dem Kopf und hat kunterbunte Nadeln.

Mama, Papa und die beiden lachen so sehr, dass sie sich die Bäuche halten müssen.

> Wie sieht dein verrückter Weihnachtsbaum aus?
> Los, male ihn!

Hinterher haben die Brüder noch immer nicht genug – und Papa hat zum Glück noch eine Idee. Gemeinsam denken sie sich eine Weihnachtsgeschichte aus. Einer fängt an – und der andere fügt einen Satz hinzu. Und dann der Nächste und so weiter.

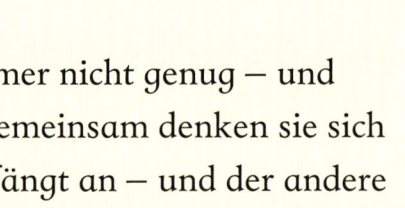

Mama ist als Erste dran: »Es war einmal an einem kalten Wintertag.«

»Da gingen Lenny und Christoph im Wald spazieren«, fügt Papa hinzu.

Lenny muss schon die Lippen aufeinanderpressen, damit er nicht loslacht.

»Dort hatten sie eine seltsame Begegnung«, sagt Christoph.

»Vor ihnen stand ein ...«

Plötzlich wird Lenny unterbrochen – von einem Glöckchen!

Lenny und Christoph schauen sich an. Sie wissen natürlich, was das bedeutet: Zeit für die Bescherung!

Jetzt erst merken sie, dass Mama gar nicht mehr in der Küche ist. »So spät ist es schon?«, fragt Christoph.

Aber dann springt er natürlich auf und saust mit Lenny an seiner Seite ins Wohnzimmer.

»Frohe Weihnachten!«, rufen Mama und Papa im Chor und strahlen mit dem Christbaum um die Wette.

Tierisch tolle Weihnachten

★ Mit Bildern von Daniela Kunkel ★

Linus wohnt mit seiner kleinen Schwester Klara zusammen.
Und mit seiner Mama und seinem Papa. Außerdem leben noch
Molly, Kira, Bolle und Wuschel bei ihm. Molly ist eine Katze.
Eine schwarze Katze mit einem weißen Punkt auf der Brust.
Kira ist ein Hund. Ein Terrier mit braun-schwarzem Zottelfell.
Und Bolle und Wuschel, das sind zwei Kaninchen. Bolle ist
schwarz-weiß gefleckt und Wuschel hat silbergraues Fell. Mit
so vielen Mitbewohnern ist bei Linus zu Hause

immer was los – und kurz vor Weihnachten, wenn sowieso schon alles extra trubelig ist, natürlich ganz besonders.

Wie heute zum Beispiel. Da wollen Linus, Klara und sein Papa Plätzchen backen. Und Molly will unbedingt mithelfen!

»Molly, runter da!«, schimpft Papa. Er hat nur eine Sekunde nicht aufgepasst und schon ist sie wieder auf die Theke gesprungen, um mit ihrer Pfote Teig aus der Schüssel zu klauen.

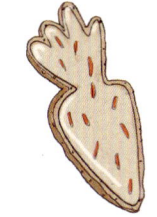

»Ach Kira. Guck nicht so – Schokolade ist nichts für Hunde!«, sagt Linus, als die Hundedame ihn mit ihrem allerzuckersüßesten Hundeblick anschmachtet. Sie hätte gern was von den Schokosternchen, die Linus auf einem Blech Plätzchen verteilt.

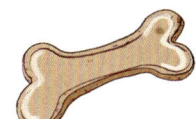

»He, raus da, aber schnell!«, erklingt als Nächstes Klaras Stimme. Sie meint Bolle und Wuschel. Die beiden frechen Kaninchen sind in die Schachtel mit den Ausstechförmchen gehüpft. Klara hebt sie vorsichtig herunter auf den Boden.

»Und jetzt seid ihr mal brav!«, sagt Papa.

»Die meinen es ja nicht böse«, erklärt Linus. »Sie sind nur neugierig und wollen überall dabei sein!«

Papa zuckt mit den Schultern und grinst. »Na ja und eigentlich können wir froh sein, dass Molly inzwischen so frech und neugierig ist!«

»Oh ja!«, sagen Klara und Linus im Chor und nicken.

»Erzähl doch noch mal die ganze Geschichte«, bettelt Klara ihren großen Bruder an.

Obwohl die natürlich schon alle kennen, fängt Linus an zu erzählen.

»Ich musste damals auf den Dachboden. Um die Kiste mit der Weihnachtskrippe zu holen. Also, nicht, dass ich ein Schisser bin oder so – aber da oben ist es schon ein bisschen gruselig! Selbst wenn man das Licht anknipst, ist es immer noch ziemlich duster. Bei jedem Schritt knarzen die alten Bodenbretter. Und wie der Wind durch die Dachritzen pfeift!

Mach mit! Wie hört sich das an,
wenn der Wind pfeift und die Dielen knarzen?

Auf jeden Fall bin ich ganz schnell gelaufen, um wieder runterzukommen. Aber dann – dann war da dieses Geräusch! Leise Schritte. Ein Kratzen.«

Und wie klingt das?
Mach diese gruseligen Geräusche doch mal nach!

»Ein Geist!«, entfährt es Klara und sie kuschelt sich an Papas Seite. Der muss grinsen. »Du kennst die Geschichte doch!«
»Aber sie ist so spannend!«, haucht Klara und Linus fährt fort:
»Erst wollte ich ja ganz schnell die Biege machen. Aber dann dachte ich: Moment mal – es ist doch kurz vor Weihnachten!

Wenn das ein Geist ist, dann bestimmt ein netter! Also habe ich tief Luft geholt und bin ganz nach hinten in die Ecke geschlichen. Auf Zehenspitzen. Da war es wirklich stockfinster. Und dann ... war da wieder ein Geräusch!«

»Ein Schuhuuu?«, fragt Klara.

Papa grinst und Linus schüttelt lachend den Kopf. »Natürlich nicht!«

Da muss auch Klara lachen. »Ach nee. Klar. Ein Miau!«

»Ganz genau! Ein total süßes Miau!«, sagt Linus. »Schließlich war das Molly dahinten in der Ecke. Wisst ihr noch, wie dünn und zerzaust sie war?«

»Aber wir haben sie gefüttert und gebürstet und ganz doll lieb gehabt«, meint Klara.

»Das war schon eine besondere Weihnachtsüberraschung«, sagt Papa.

Linus nickt ehrfürchtig: »Das allertollste Weihnachtsgeschenk aller Zeiten!«

Papa wischt sich über die Augen. »Ach, unsere Molly. Wir können echt froh sein, dass sie so ein frecher Wildfang geworden ist!«

Da guckt sich Papa nach der Katze um: »He! Du Frechdachs! Ach was, eine ganze unerzogene Rasselbande ist das!«

Weil alle so gebannt der Geschichte gelauscht haben, hat keiner gemerkt, dass sich Molly wieder an die Teigschüssel herangemacht hat. Wuschel und Bolle sitzen mitten auf der Küchentheke und knabbern zufrieden an den frisch gebackenen Zimtsternen.

»Und wo ist Kira?« Linus guckt sich misstrauisch um.

Plötzlich erklingt ein Scheppern aus dem Wohnzimmer. Kira hat sich den Esel aus der Krippe geschnappt und wirft ihn um sich, als wäre er ein Stöckchen. »He! Nicht kaputt machen«, ruft Papa und schon jagt er Kira hinterher. Aber die findet das natürlich lustig und saust in wildem Zickzack um den Baum.

Klara pflückt die Kaninchen von der Theke und Linus drückt Molly an sich. Sie schnurrt wie ein Rasierapparat.

»Ist ja auch unfair«, haucht er ihr zwischen die Ohren.

»Eigentlich müssten wir für euch auch Kekse backen!«

»Na, dann macht das doch!«, sagt Mama, die gerade zur Tür hereinkommt. »Da gibt es ganz tolle Rezepte!«

Also beschließen die vier, noch eine Runde extra Plätzchen zu backen. Für Hund, Langohr und Katze.

»Und du darfst auch ganz offiziell den Teig probieren!«, verspricht Linus seiner Molly. »Und übrigens – Glückwunsch zum Jahrestag!«

Weiße Weihnachten?

★ Mit Bildern von Jennifer Coulmann ★

Normalerweise konnte die Zeit bis Weihnachten für Nele gar nicht schnell genug vergehen. Aber diesmal hätte es von ihr aus noch etwas länger dauern können. Es fehlten nur noch drei Türchen und es hatte den ganzen Dezember noch nicht geschneit. Nicht eine einzige Flocke! Immer nur Regen. Oder Nebel. Oder auch mal Hagel. Richtiges Miesewetter. Eins war klar, so konnte es nicht weitergehen! Nele wünschte sich so sehr weiße Weihnachten.

Mindestens genauso sehr, wie sie sich neue Küchenmöbel für ihr Puppenhaus wünschte (mit winzigem Blümchengeschirr).

»Ach Nelelein. Nicht traurig sein, wenn es nicht klappt mit dem Schnee«, sagte Mama. »Weihnachten wird auch so gemütlich! Wir setzen uns mit Keksen vor den Kamin, zünden Kerzen an und die Lichterketten da draußen, die leuchten doch auch im Regen schön!«

Nele verschränkte die Arme und schüttelte den Kopf. »Ich will aber Schnee! Der ist so schön feierlich. Und so leise. Und unglaublich weich!«

Papa lachte. »Du willst doch nur mit deiner Freundin eine Schneeballschlacht machen. Und das ist absolut nicht feierlich und leise – und weich sind Schneebälle auch nicht!«

»Würde ich nie machen!«, protestierte Nele. »Jedenfalls nicht an Weihnachten«, fügte sie schnell hinzu. »Ich baue einen Schneeengel. Und einen Schneeweihnachtsmann! Und wir machen einen Weihnachtsspaziergang. Hach, es ist so toll, wenn der Schnee unter den Schuhen knirscht!«

Nun guckten auch Mama und Papa ganz sehnsüchtig – bis Papa in die Hände klatschte. »Na, dann müssen wir uns eben drum kümmern, dass es endlich schneit!«

»Ach ja? Und wie?« Mama guckte ihn zweifelnd an.

»Da gibt es ganz verschiedene Möglichkeiten!«, sagte Papa.

»Soso – und welche?« Mama sah immer noch nicht sehr überzeugt aus.

Papa warf Nele einen hilfesuchenden Blick zu. Und die musste gar nicht lange überlegen: »Mit einem Lied. Einem Schneelied!«, rief sie.

»Ganz genau – wollte ich auch gerade sagen«, stimmte Papa zu.

»Na da gibt's doch schon eins«, meinte Mama. »Schneeflöckchen Weißröckchen!«

Nele grinste: »Ich will aber nicht nur Flöckchen – sondern richtig große Flocken!«

Da legte Papa auch schon los:

»Schneeflocken, euch locken, das soll dieses Lied!
Ich sing, bis ihr herkommt, und jeder grölt mit.«

Wartest du auch auf Schnee? Sing doch mit! Bestimmt kannst du richtig gut dichten und denkst dir ganz viele Strophen aus! Das kannst du natürlich auch, wenn es bei dir schon schneit. Und deine Mama und dein Papa dürfen auch mitmachen.

Hinterher guckte Nele aus dem Fenster – und seufzte. »Nee. Nix. Immer noch Regen!«

»Nicht verzagen, Papa fragen!«, erwiderte ihr Papa. »Natürlich hab ich noch ein paar Kniffe auf Lager!«

»Ach, und welche?«, fragte Mama.

Während Papa sich noch grübelnd am Kopf kratzte, rief Nele: »Einen Schneetanz – der hilft bestimmt!«

Schon hatte Papa sie an den Händen genommen und gemeinsam wirbelten sie durch das Wohnzimmer. Mama musste so sehr lachen, dass sie fast rückwärts in die Weihnachtskrippe kippte.

Was meinst du? Wie sieht ein echter Schneetanz aus! Mach doch mal vor!

Dann ließ Papa Nele los und schnappte sich Mama.

Als alle außer Puste waren, warf Nele einen Kontrollblick aus dem Fenster.

»Wieder nix!«

Zum Glück hatte Papa noch eine Idee – na ja, eigentlich kam die Idee auch wieder von Nele. »Wir müssen es machen wie Frau Holle – lass uns die Betten schütteln!«

»Gehen auch Kissen?«, fragte Mama und Nele nickte.

Los, schnapp dir ein Kissen und schüttele es, wie Frau Holle das im Märchen macht. Du hast kein Kissen? Dann schüttele doch einfach das Buch ordentlich durch!

»Nicht so wild! Ihr macht noch was kaputt!«, rief Mama.

»Hatschi!«, erwiderte Papa. Aber nicht, weil ihn eine Schneeflocke an der Nase kitzelte, sondern weil es nun ziemlich staubte.

»Das bringt nix. Das werden pitschnasse Mieseweihnachten«, seufzte Nele.

Da setzte sich Mama auf das Sofa und zog Nele auf ihren Schoß. Sie klopfte auf den freien Platz neben sich und Papa setzte sich dazu.

»So, jetzt machen wir mal alle die Augen zu und stellen uns vor, wie Schnee aussieht. Wie er sich anfühlt. Wie er sich anhört! Wie er die Welt da draußen verzaubert. Und was man für tolle Sachen im Schnee machen kann!«

Machst du mit? Los, erzähl mal, was dir
alles zum Thema Schnee einfällt!

Nele musste nicht lange überlegen. Ihr fiel ganz schön viel ein. Sie erzählte und erzählte. Bis Mama und Papa links und rechts neben ihr plötzlich ganz langsam und regelmäßig atmeten – und Papa sogar schnarchte!

»He, das war doch keine Gute-Nacht-Geschichte«, murrte Nele. Eigentlich wollte sie noch mal aus dem Fenster gucken, aber da merkte sie plötzlich, wie ihre Augen auch ganz schwer wurden, und kuschelte sich an ihre Eltern. Sie träumte von dicken weißen Flocken, die vom Himmel segeln und den Garten in ein Zuckerwattemeer verwandeln. »Ist das schön«, murmelte Nele. Nicht ganz wach und auch nicht richtig schlafend.

»Hey, es hat gewirkt!«, erklang plötzlich die Stimme ihres Papas. Aber nicht im Traum, sondern in echt.

Nele schlug die Augen auf und guckte aus dem Fenster, vor dem die weißen Flocken nur so wirbelten.

»Es schneit! Endlich!«

»Hm, welches der Wundermittel wohl geholfen hat?«, überlegte Mama. »Ist doch klar – ein Nickerchen wirkt Wunder!«, lachte Papa.

Da war Nele aber schon längst in den Flur gerannt und in ihren Schneeanzug geschlüpft.

Wenn es bei dir immer noch nicht schneit, kannst du eine coole

Schneekugel

basteln. Hast du Lust?

Das brauchst du:
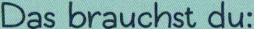
- 1 sauberes, leeres Glas mit Schraubverschluss
- wasserfesten Kleber • Kunstschnee (aus dem Bastelladen)
- 1 Tropfen Spülmittel • destilliertes Wasser • 1 kleine Figur, die in eurem Glas einschneien soll • 1 Stück Korken

So geht's:
- Klebe die Figur mit dem wasserfesten Kleber auf die Innenseite des Deckels. Ist die Figur zu klein, kannst du aus einem Stück Korken ein kleines Podest bauen.
- Lasse den Kleber richtig gut trocknen, bevor du weitermachst!
- Gib etwa 3 Esslöffel Kunstschnee ins Glas. Falls das zu wenig ist, kannst du später noch etwas nachfüllen.
- Dann füllst du das Glas mit dem destillierten Wasser und gibst 1 Tropfen Spülmittel dazu. Der verhindert, dass der Schnee klumpt.
- Nun kannst du den Deckel fest zuschrauben und losschütteln. Viel Spaß!

Monsterhafte Weihnachten

✴ Mit Bildern von Stefanie Jeschke ✴

Bald war Weihnachten. An Jules Adventskalender waren nur noch drei Türchen geschlossen. »Warten ist doof!«, fand Jule. »Total langweilig!«

»Ach was – warten ist toll!«, erwiderte Oma, legte den Arm um Jule und zog sie ganz nah an sich ran. »Oder ist es hier etwa nicht schön?«

»Doch, klar!«, sagte Jule. Bei Oma war es immer gemütlich. Und kurz vor Weihnachten erst recht! Das Feuer knisterte warm und hell im Kamin. Draußen vor dem Fenster ließ der Wind die Fensterläden klappern und die Weihnachtsbeleuchtung im Vorgarten glitzerte so wunderbar! Und dann waren da noch Omas Geschichten. An jedem Dezemberabend gab es eine davon.

»Was für eine willst du heute denn hören?«, fragte Oma.

Jule schnappte sich noch einen Keks aus der Dose (so einen ganz besonders leckeren, mit Marmeladenfüllung) und zog die Beine an den Bauch. Grübelnd kniff sie die Augen zusammen. Dann grinste sie Oma an: »Eine Monstergeschichte!«

Die guckte ziemlich schief: »Monster? Hm, ob mir dazu etwas einfällt?«

69

Jule hob die Schultern. »Wieso nicht? Monster feiern doch auch Weihnachten!«

Da lachte Oma. »Stimmt, da hast du recht!«

Und dann legte Oma los mit ihrer Geschichte:

Selbstverständlich feiern auch Monster Weihnachten – echte Monster-Weihnachten eben! Genau wie wir haben Monster einen Weihnachtsbaum. Allerdings sieht der etwas anders aus als bei uns. Bei Monstern gibt es keine Christbaumkugeln, kein Lametta und auch keinen Weihnachtsstern. Na ja und der Baum hat auch keinen dicken Stamm und keine grünen Nadeln. Ein Monsterweihnachtsbaum ist ziemlich morsch und schief und krumm und alle Nadeln sind längst heruntergebröselt. Statt bunter Kugeln hängen darin faule Eier. Die stinken bis zum Himmel – Monster lieben das! Alles, was richtig stinkt, ist für sie das beste Parfum! Statt Lametta baumeln Regenwürmer in den kahlen Ästen und ganz oben auf der Spitze thront ein alter Stinkstiefel.

Und noch etwas ist bei den Monstern anders: Die Geschenke werden nicht unter den Baum gelegt, sondern in der Mülltonne gestapelt. Zum Auspacken stürzt sich dann die ganze Monsterfamilie kopfüber in den muffelnden Schmodder hinein – eine uralte Monster-Weihnachtstradition!

Aber nicht nur das unterscheidet das Monster-Weihnachtsfest
von unseren Weihnachtsbräuchen. Selbstverständlich
singen echte Monster auch Weihnachtslieder.
Ein Lied geht zum Beispiel so:

Oh Stinkebaum, oh Stinkebaum,
wie morsch sind deine Äste!
Du stinkst nicht nur zur Sommerzeit.
Nein, auch im Winter, wenn es schneit.
Oh Stinkebaum, oh Stinkebaum,
wie morsch sind deine Äste!

Auch das hier ist ein bekanntes Monster-Weihnachtslied:

Schiefer die Monster nie singen
als zu der Weihnachtszeit ...

Oder kennst du das schon?
Morgen, Monster, wird's was geben ...

Los, sing mit! Aber nicht vergessen – Monster singen ganz schön laut und schief! Vielleicht fallen dir ja auch noch ein paar Strophen oder andere Lieder ein?

Wenn alle Lieder gesungen und die Geschenke ausgepackt sind, dann ist auch bei den Monstern, ganz genau wie bei uns, das Weihnachtsfestessen an der Reihe. Aber natürlich setzen sich Monster nicht ordentlich an den Tisch. Das große Monster-Weihnachtsfestessen findet auf dem Fußboden statt. Selbstverständlich ohne Teller und Besteck. Nur äußerst ungeheure Ungeheuer essen mit Messer und Gabel! Stattdessen packen die Monster alles mit den Fingern an und schlecken sie genüsslich schmatzend ab. Und wer jetzt als Festessen einen Weihnachtsbraten

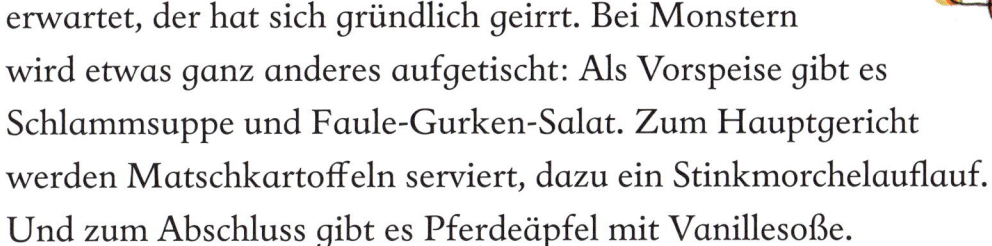

erwartet, der hat sich gründlich geirrt. Bei Monstern
wird etwas ganz anderes aufgetischt: Als Vorspeise gibt es
Schlammsuppe und Faule-Gurken-Salat. Zum Hauptgericht
werden Matschkartoffeln serviert, dazu ein Stinkmorchelauflauf.
Und zum Abschluss gibt es Pferdeäpfel mit Vanillesoße.

Hast du noch andere Ideen für richtig
monsterhafte Weihnachtsmenüs?

»Genau so hab ich es mir vorgestellt!«, grinste Jule, als Oma
fertig erzählt hatte.

»Und, willst du dann dieses Jahr lieber Monster-Weihnachten
feiern?«, fragte Oma mit einem Augenzwinkern.

Jule nahm sich noch einen Keks. »Nee – ich mag Plätzchen
einfach lieber als faule Gurken!«

Die grauen Wollsocken

✹ Mit Bildern von Elli Bruder ✹

Theo war mit seinem Opa in der Stadt. Zum Geschenkeeinkaufen. Und zwar am allerersten Adventssamstag. Da war natürlich was los! Die ganze Fußgängerzone war voller Menschen. An jeder Ecke ertönte Weihnachtsmusik. Die Weihnachtsbeleuchtung funkelte, es roch nach Glühwein und Schokolade. Eigentlich hätte es richtig toll sein können – wenn es nicht alle so fürchterlich eilig gehabt hätten. Genau wie Theos Opa.

»Theo! Jetzt guck nicht so viel herum! Einen Schritt schneller bitte. Weißt du, wie lang meine Einkaufsliste ist?«

»Hier gibt's nun mal so viel zu gucken!«, protestierte Theo und blieb vor einem Schaufenster stehen. Hmmmm, so viele Lebkuchen! Aber Opa zog Theo weiter. »Wir müssen in das Geschäft da. Ich brauch dringend dicke graue Wollsocken. Für deine Tante Tina.«

»Und du meinst, da freut sie sich?« Theo zweifelte. Aber sein Opa nickte energisch: »Dicke Socken braucht man immer!«

»Und wieso unbedingt in Grau?«

»Die sind pflegeleichter«, sagte Opa.

Sie betraten den Laden. Auch hier war alles voller Leute. Opa und Theo schoben sich durch die Menge. Das ging langsamer als in Zeitlupe. Und wie heiß es hier drin war! Theo zog seine Mütze runter und Opa guckte sich mit gerunzelter Stirn um. »Seltsam. Nirgends graue Wollsocken!«

»Dann nimm doch grüne!« Theo zeigte auf ein Regal. Aber Opa schüttelte den Kopf. »Grau ist immer schick. Grün ist nur eine Modefarbe!«

Arme Tante Tina, dachte Theo.

Und dann beschloss Opa, es in einem anderen Geschäft zu versuchen. »Wir brauchen auch noch Unterhemden für Onkel Jan. Und eine Mütze für deinen Papa!«, erklärte Opa, als sie sich wieder durch die Fußgängerzone kämpften.

Armer Onkel Jan, armer Papa, ging es Theo durch den Kopf. Er wollte gar nicht daran denken, was sein Opa für ihn auf seiner Liste stehen hatte. Vielleicht einen extra kratzigen, schlammbraunen Pullover?

Armer Theo!

Bevor Opa das nächste Geschäft betrat, zupfte sein Enkel ihn am Ärmel. »Können wir nicht eine Pause machen? Mit Punsch und Lebkuchen? Mir tun schon die Füße weh!«

»Erst die Arbeit, dann das Vergnügen!«, erwiderte Opa.

Als er dann aber sah, wie lang die Schlange vor der Kasse war, gab er doch nach: »Na gut. Eine Pause. Aber nur eine ganz kurze! Du weißt ...«

»Jaja, deine Liste«, winkte Theo ab.

Fest der Liebe

Sie schlenderten über den Weihnachtsmarkt. Hier waren die Leute viel entspannter als in der Einkaufsstraße. Auch Opa guckte auf einmal freundlicher und er spendierte Theo und sich selbst Punsch und Lebkuchen. Als sich die Schokolade mit dem dampfenden Punsch kitzelig warm in Theos Bauch vermischte, nahm er allen Mut zusammen, holte tief Luft und fragte seinen Großvater:

»Du, Opa. Weihnachten ist doch das Fest der Liebe?«

»Sicher doch, mein Junge!« Opa pustete vorsichtig in seine Tasse.

»Dann schenk Tante Tina und allen anderen doch lieber was Schönes!«, warf Theo ein.

»Etwas Praktisches ist aber viel praktischer«, sagte Opa.

»Und viel langweiliger. Und hässlicher!«, fand Theo.

»Na, jetzt sei mal nicht so frech! Als ich ein kleiner Junge war, da habe ich fast gar keine Geschenke bekommen!«

Theo seufzte. Sein Opa konnte wirklich ziemlich stur sein.

Irgendwie musste er Weihnachten retten. Es konnte doch nicht nur graue Wäsche unter Opas Weihnachtsbaum liegen!

Aber was sollte er machen? Am Ende war Opa noch beleidigt und dann gab es gar keine Geschenke!

Da hatte Theo eine Idee.

»Du, Opa, sag mal. Du kannst doch so gut schnitzen?«

»Klar kann ich das«, sagte Opa.

»Und warum machst du das nicht mehr?«

»Keine Zeit. Ist doch immer so viel zu tun.

76

Erst die Arbeit und dann das V...«

»Jaja«, winkte Theo schon wieder ab. »Aber in der Zeit, die du im Wäscheladen an der Kassenschlange verbringst, da hättest du doch längst was Tolles geschnitzt!«

»Ja und – aber dann habe ich noch immer keine grauen Wollsocken für Tina!«

»Aber wer freut sich denn über graue Wollsocken? Schnitz Tante Tina lieber was Tolles.«

»Socken?« Opa machte große Augen.

»Nein! Was Schönes! Einen Weihnachtsengel vielleicht. Und für Jan einen Kerzenständer. Dazu können wir zusammen eine Kerze machen – ich weiß nämlich, wie das geht! Für Papa schnitzt du eine kleine Schatztruhe Und für mich ...« Theos Augen funkelten wie Christbaumkerzen. »Einen Piratensäbel!«

Opa trank den letzten Schluck Punsch und pickte mit dem Finger noch ein paar Krümel vom leeren Lebkuchenteller.

»Schnitzen also ... Und keine warme Unterwäsche?«

Theo nickte energisch und trat von einem Fuß auf den anderen.

Und dann ... dann grinste Opa plötzlich!

»Na, was sitzen wir hier noch faul herum! Erst die Arbeit und dann ...« Da hielt Opa inne und räusperte sich. »Manchmal kann Arbeit ja auch Vergnügen sein!«

Er legte den Arm um Theo und sie spazierten gemütlich nach Hause.

77

Möchtest du auch eine

selbst gemachte Kerze

verschenken?

Das ist gar nicht schwer! Schnapp dir einen Erwachsenen, der dir hilft, und schon kann es losgehen.

Das brauchst du:

- 1 hohen, hitzebeständigen Behälter, um das Wachs darin zu schmelzen
- 1 großen Topf als Wasserbad
- Gießformen, z. B. Kunststoffbecher oder Pappbecher
- Kerzendocht aus dem Bastelladen
- 1 Schere
- Kerzenstummel, Bienenwachs oder bunte Wachsplättchen aus dem Bastelladen
- 1 altes Sieb, falls du Kerzenstummel verwenden möchtest
- Schaschlikspieße, um den Docht in der Form in Position zu halten

So geht's:

- Gieße Wasser in den großen Topf und bitte einen Erwachsenen, das Wasser zu erhitzen. Es soll heiß sein, aber nicht kochen. Der Erwachsene muss gut aufpassen, dass nichts spritzt, und dir die ganze Zeit helfen.
- Wenn das Wasser heiß ist, stellt ihr den Behälter mit dem Wachs vorsichtig ins Wasserbad. Rührt ab und zu um.
- Als Nächstes kannst du die Gießformen vorbereiten. Nimm ein Stück Docht, schneide es in die richtige Länge. Es muss ungefähr 2 cm über den Rand der Gießform hinausragen. Dann knotest du das Ende des Dochts an einen Schaschlikspieß.
- Lege den Spieß quer über den Rand der Gießform. So bleibt der Docht in der Mitte.
- Wenn das Wachs flüssig ist, kannst du es ganz vorsichtig in die Form gießen. Lasse dir dabei helfen.
- Wenn du Kerzenstummel mit alten Dochtresten benutzt, dann gieße das flüssige Wachs vorher durch ein Sieb. Die Dochtreste bleiben ganz einfach hängen.
- Jetzt heißt es warten: Wenn das Wachs ganz hart ist, taucht ihr es kurz noch einmal ins heiße Wasserbad. Danach lässt sich die Gießform ganz leicht lösen.

Die Weihnachtsgurke

★ Mit Bildern von Daniela Kunkel ★

Bei Familie Bollermann gibt eine ganz besondere Weihnachtstradition. Ohne die wäre es für die Bollermanns gar kein richtiges Weihnachtsfest! Und zwar ist das die Sache mit der Weihnachtsgurke. Das ist keine echte Gurke, sondern eine aus grün schimmerndem Glas. Etwa so groß wie Katis Daumen. Hintendran, am Gurkenzipfel, hängt eine Schnur, damit Katis Mama sie am Weihnachtsbaum befestigen kann. Denn da gehört sie hin. Zwischen all die glitzernden Kugeln und Strohsterne. Aber wo genau sie ihren Platz findet, das weiß nur Katis Mama. Alle anderen müssen sie erst suchen. Und das ist das Spannende an der Sache – wer die Gurke findet, bekommt ein extra Geschenk! Klar also, dass jeder Erster sein will.

Gibt es bei dir auch eine weihnachtliche
Familientradition? Erzähl mal!

Tradition ist bei Bollermanns allerdings auch, dass die Gurke erst nach der richtigen Bescherung gesucht werden darf. Aber vor

der richtigen Bescherung wird erst mal gesungen. Und vor dem Weihnachtssingen wartet Kati darauf, dass Papa endlich mit dem Glöckchen bimmelt – denn vorher darf sie nicht ins Weihnachts-Wohnzimmmer. Kurz gesagt: Bis Kati endlich nach der Gurke gucken darf, dauert es ewig!

Aber gut. Das ganze Drumherum ist ja auch nicht schlecht.

»Klingeling!«, ertönt es jetzt nämlich. Kati und ihr Bruder

Max rennen Seite an Seite ins Wohnzimmer. So eilig, dass sie beinahe nebeneinander im Türrahmen stecken bleiben.

»Ooooooooh!«, machen dann beide im Chor. Wie schön der Baum funkelt! Ach und wie gut es immer riecht an Weihnachten. Nach Tannennadeln, Zimt, Wachs und ... hach, einfach nach Weihnachten eben!

»Und jetzt wird gesungen!«, ruft Mama und klatscht in die Hände.

Sing doch mit! Welches ist dein Lieblingsweihnachtslied?

Mama, Papa, Max und Kati reihen sich neben dem Baum auf. Erst kommt »Stille Nacht«, dann »Jingle Bells« und als Letztes »Rudolf, das Rentier«. Natürlich versucht Kati, dabei schon mal nach der Gurke zu linsen. Vergeblich! Als Mama sich mahnend räuspert, guckt Kati schnell woandershin.

Und du? Kannst du die Weihnachtsgurke vielleicht schon entdecken?

»So und jetzt ran an die Geschenke«, ruft Papa. »Fröhliche Weihnachten miteinander!«

Auch beim Auspacken versucht Kati, herauszufinden, wo die Weihnachtsgurke hängt. He – hat da nicht etwas grün geschimmert? Jaaaa! Da ist sie! Neben der blauen Kugel mit den goldenen Punkten. Das war aber einfach! Kati beißt sich auf die Lippen, damit sie nicht verräterisch grinst. Ihr Bruder darf natürlich auf keinen Fall merken, wo sie hinguckt! In ihr kribbelt es vor Aufregung, als sie das Papier von ihrem Päckchen reißt. Darin ist ein tolles Brettspiel.

»Super!«, freut sich Kati. »Genau das, was ich wollte!« Und dann, als sie noch mal unauffällig versucht, nach der Gurke zu gucken – ist die nicht mehr da!

»Gibt's doch nicht!«, murmelt Kati.

»Wie bitte?«, fragt Mama.

»Och, nix!«, sagt Kati. Dabei ist sehr wohl was!

Wo ist nur die Gurke hin?

Kannst du Kati helfen?
Weißt du, wo die Gurke plötzlich hingeraten ist?

Klar! Es war Felix, der freche Kater der Bollermanns. Der glaubt wohl, es gibt eine Dose Katzenfutter als extra Gurkengeschenk! Also, irgendwie muss Kati jetzt an die Gurke ran. Aber so, dass keiner was merkt.

»Willst du das gar nicht auspacken? Ich kann das gern für dich übernehmen«, grinst Max, als Kati ihr Geschenk links liegen lässt und stattdessen versucht, Felix zu sich zu locken.

»Nee, ich will nur mal kuscheln«, sagt Kati. »Komm, Felix! Zu mir!«

Aber der Kater hat einen ziemlichen Dickkopf. Mit erhobenem Schwanz stolziert er an Kati vorbei.

»Gibt's nicht!«, murmelt Kati da.

Die Gurke ist schon wieder weg!

Damit keiner was merkt, packt sie ihr Geschenk aus. Aber richtig bei der Sache ist sie nicht. Diese verflixte Gurke! Wo ist sie denn jetzt schon wieder gelandet?

Also so was! Emma hat die Gurke! Sind Felix und Hündin Emma etwa Komplizen? Hoffentlich verwechselt Emma die Gurke nicht mit einem Kauknochen! Kati kann nur die Daumen drücken, denn jetzt muss sie erst mal weiter auspacken. Auch Mama guckt sie schon ganz komisch an und fragt: »Gefällt es dir etwa nicht? Das ist von Oma Lieselotte!«

»Doch! Klar!« Kati nickt heftig und wickelt sich den kunterbunten Schal gleich um den Hals.

Wieder guckt sie sich um. Hm, Emma sitzt da und kratzt sich hinter dem Ohr. Aber wo ist die Gurke schon wieder hin?

»So und jetzt dürfen wir die Weihnachtsgurke suchen!«, verkündet da Papa, der von dem ganzen Gurken-Kuddelmuddel – genau wie Mama und Max – nichts mitbekommen hat.

Alle suchen und suchen. Und suchen!

Keine Gurke da!

Irgendwann kann auch Mama nur mit dem Kopf schütteln. »Die hing genau da! Aber da ist nix! Die muss heruntergefallen sein.« Die Bollermanns krabbeln auf Knien auf dem Boden herum – vergeblich!

Bis Kati schließlich mit der Geschichte herausrückt.

»Die Haustiere haben sich also verbündet!«, überlegt Papa.

»Na, dann ist ja klar, wo die Gurke steckt!«, stöhnt Max.

Weißt du es auch?

Tatsächlich! Pauline, die Schildkröte, hat sich die Gurke ge-schnappt.

»Dabei schmeckt die doch gar nicht!«, sagt Kati.

»Und wer kriegt jetzt das Gurkengeschenk?« Max kratzt sich grübelnd am Kopf.

»Zuerst hab ich sie entdeckt!«, sagt Kati.

»Das kann ja jeder sagen«, mault Max.

Doch dann hat Mama zum Glück eine Überraschung:

»Ihr müsst euch nicht streiten – das Geschenk ist nämlich für uns alle! Wir unternehmen gemeinsam etwas ganz Tolles!«

»Echt?«

»Was denn?«

Mama grinst verschmitzt ...

Jetzt bist du dran! Was könnten die Bollermanns zusammen unternehmen?

Tief im Meer

✦ Mit Bildern von Elli Bruder ✦

Tief unten im Meer, da merkte man kaum etwas davon, dass es draußen Winter war. Na gut, vielleicht wurde das Wasser ein klitzekleines bisschen kälter und die bunte Unterwasserwelt etwas dunkler und schummriger. Aber ansonsten war alles wie immer: Im Blubberchor blubberten die Fische Meereslieder, die Seesterne trafen sich zur Wassergymnastik, die Seepferdchen galoppierten um die Wette, die Tintenfische schrieben Ozeangedichte und zwischendurch traf man sich zur Gartenarbeit im Seeanemonenfeld.

Fällt dir auch noch etwas ein, was die Tiere
unter Wasser anstellen könnten?

Und von Weihnachten hatten die Meerestiere noch nie etwas gehört. Zumindest bis die Schildkröte zu Besuch kam. Die war urururalt und hatte im Laufe ihres Lebens schon sämtliche Weltmeere durchschwommen. Deshalb freuten sich die Unterwasserfreunde jedes Mal riesig, wenn sie auf einer ihrer großen Reisen vorbeipaddelte. Alle machten es sich gemütlich, um den spannenden Geschichten zu lauschen.

Die Schildkröte erzählte von einem riesigen Wal, den sie auf ihrer Reise getroffen hatte. Der war so groß, der hätte einen

ganzen Bus auf einmal verschlucken können, wobei die Meerestiere natürlich noch nie einen Bus gesehen hatten. Denn anders als die Schildkröte waren sie noch nie aus dem Meer ans Land gestiegen. Spannend fanden sie die Geschichte trotzdem.

Die Schildkröte berichtete auch von einem heftigen Sturm, der so wilde Wellen vor sich hergepustet hatte, dass sie nicht auf einer Südseeinsel, sondern am Nordpol gelandet war und dort – ja, dort hat sie den Weihnachtsmann persönlich kennengelernt!

»Weihnachtsmann?« Der Tintenfisch kratzte sich mit einem seiner acht Arme verwundert an der Nase.

»Hab ich auch noch nie gehört«, sagte der Seestern.

Also erklärte die Schildkröte geduldig, was es mit dem Weihnachtsmann, dem Weihnachtsfest und dem ganzen Drum und Dran auf sich hatte. Sie erzählte von Tannenbäumen, wunderschön eingepackten Geschenken, Kerzen und Keksen.

»Och, ich will auch mal Weihnachten feiern!«, blubberte der Clownfisch vorfreudig.

Kannst du blubbern wie ein Fisch?
Vielleicht mit einem Glas Wasser und einem Strohhalm?
Aber am besten probierst du das über dem Waschbecken aus.

»Wir brauchen unbedingt einen Weihnachtsbaum!«, sagte der Seeigel.

»Ooooh und viele bunte Geschenke!« Das Seepferdchen sah das bunte Papier mit all den Schleifchen schon vor sich.

»Ich glaube, flackender Kerzenschein ist das Allerschönste«, überlegte der Delfin und guckte ganz verträumt.

Der Kugelfisch blies sich vor lauter Vorfreude ganz kugelig auf: »Und ich will Weihnachtskekse. Bergeweise! Das wird ein Fest!«

Aber wo sollten sie all die Sachen herbekommen? Die alte Schildkröte war zwar sehr schlau, wusste aber auch nicht so recht weiter. Zum Glück hatte der Tintenfisch eine gute Idee:

»Der Pelikan! Der kann uns sicher helfen!«

Die anderen klatschten begeistert in ihre Flossen. Der Tintenfisch verknotete vor Aufregung beinahe seine vielen Arme.

»Genau, der Pelikan! Der flattert überallhin. Und mit seinem großen Schnabel kann er all die tollen Sachen zu uns bringen!«

Als der Pelikan wenig später vorbeitauchte und sie ihn fragten, war er sofort einverstanden und flog los.

Die Freunde warteten und warteten.

»Das Meer ist groß und der Weg ist weit«, erklärte die Schildkröte geduldig.

Und nach ein paar Tagen war der Pelikan zurück. In seinem großen Schnabel hatte er einen kleinen Weihnachtsbaum – mit Kerzen und Kugeln! Auch Päckchen hatte er dabei und eine Dose Weihnachtskekse.

»Vom Weihnachtsmann persönlich!«, erklärte er mit vollem Schnabel.

Sie stellten alles auf den Meeresboden. Aber – oh weh! – der Baum tauchte immer wieder nach oben, die Geschenke verteilten sich in alle Richtungen und das schöne Papier löste sich einfach auf. Als die Tiere die Kekse kosten wollten, ging das ebenfalls gehörig schief. Sie wurden ganz schwabbelig vom Wasser und schmeckten scheußlich. Auch das mit den Kerzen war eine riesige Enttäuschung. Kein Flackern und Funkeln weit und breit.

»Im Nassen klappt das nicht«, schniefte das Seepferdchen.

»Aber ich will auch mal Weihnachten feiern!«, seufzte der Tintenfisch.

»Das schaffen wir nie!«, jammerte der Delfin.

»Hm ...« Die alte Schildkröte legte grübelnd ihre Stirn in Falten. »Nun ja, wer sagt denn, dass wir unbedingt einen Baum und Kekse haben müssen? Wir feiern eben einfach anders!«, sagte sie schließlich.

Die Meerestiere guckten ziemlich gespannt.

»Wir brauchen keinen Tannenbaum – wozu gibt es denn bunte Korallen?«, half die Schildkröte ihnen auf die Sprünge.

»Na klar!«, rief da das Seepferdchen. »Und statt Weihnachtskugeln nehmen wir Muscheln – die sind mindestens genauso wunderwunderschön!«

»Weihnachtsplätzchen brauchen wir auch nicht. Wir knabbern doch eh viel lieber Algen«, sagte der Delfin.

Und so feierten die Freunde Weihnachten auf Unterwasserart. Nur eine Sache, die funktionierte genauso wie bei uns: die Weihnachtslieder! Fast genauso jedenfalls – denn die Lieder wurden nicht gesungen, sondern geblubbert!

Kannst du auch ein paar Weihnachtslieder blubbern?

Zwei Gespenster
unterm Weihnachtsbaum

★ Mit Bildern von Stefanie Jeschke ★

Pep und Knurps sind Geister. Sie leben bei den Schneiders auf dem Dachboden. Die Schneiders aber wissen nichts von ihren Untermietern. Kein Wunder, schließlich verlassen Pep und Knurps ihr Versteck, eine staubige alte Truhe, nur zur Geister-stunde. Und da liegen die Schneiders schon längst in ihren Betten. Gehört haben sie Pep und Knurps schon öfter. Eine knarzende Diele, ein Vorhang, der flattert, obwohl gar kein Wind weht, oder ein leises Flüstern.

»Ein altes Haus macht nun mal Geräusche«, sagt Mama dazu.

»Die Fenster sind ganz schön undicht«, meint Papa und wenn Laura ein Flüstern hört, dann schieben ihre Eltern es auf die Holzwürmer.

»Nee, das sind unsere Hausgeister!«, ist sich Laura dagegen sicher. Denn sie liebt Gespenstergeschichten und hätte ganz und gar nichts gegen einen Geist. Zumindest nicht, wenn er nett ist. Deshalb schaut sich Laura eines Nachmittags oben auf dem Dachboden um. Es ist ein kalter Novembertag, der erste Advent genauer gesagt, und ein eisiger Wind rüttelt an den Dachziegeln.

»Hallo? Gespenster? Seid ihr hier?«, fragt Laura in die schummrige Düsternis hinein.

Aber sie bekommt keine Antwort.

»Kein Wunder – ihr dürft ja auch nur zur Geisterstunde spuken!«, meint Laura.

Da fällt ihr Blick auf die alte Standuhr in der Ecke. Einsam und verstaubt tickt sie vor sich hin. Seltsam, dabei hat die doch seit Jahren niemand mehr aufgezogen! Oder kümmern sich darum etwa die Gespenster?

Tick-tack, tick-tack, ganz langsam bewegt sich der große Zeiger – und bringt Laura auf eine Idee! Sie holt einen wackeligen Hocker, rückt ihn vor die Uhr, steigt darauf und schiebt die Zeiger ein Stück nach vorne. Leise kichert sie in sich hinein: »Ab sofort ist etwas früher Geisterstunde!«

Als in dieser Nacht die alte Standuhr zwölf Uhr schlägt, steigen Pep und Knurps wie immer aus ihrer Kiste. Ein bisschen wundern sie sich schon, dass sie unten im Haus noch Schritte hören. Und Stimmen und leise Musik!

»Das müssen wir uns genauer anschauen!«, meint Pep.

Aufgeregt schweben die Gespensterfreunde die Treppen hinunter.

Man muss wissen, die kleinen Geister sind manchmal ziemlich einsam. Bis auf die Fledermaus Feli und die Spinne Schorsch haben sie keine Freunde. Ganz schön langweilig! Und deshalb sind sie sehr froh, dass heute mal was los ist!

Sie huschen ins Wohnzimmer. Dort lümmeln
Mama und Papa Schneider und Laura gemütlich
auf dem Sofa. Auf dem Tisch steht ein Kranz, auf dem
eine Kerze flackert. Aus dem Radio dudelt Musik. Die Geister
machen sich durchsichtig und setzen sich dazu. Einer links und
einer rechts und dann stellen sie sich vor, dass Laura ihre
Schwester wäre. Mama Schneider kneift die Augen zusammen:
»Ist das Fenster nicht zu? Hier zieht es so.« – »Hat da gerade
jemand leise gekichert?«, wundert sich Papa Schneider. Laura
aber grinst leise in sich hinein. Sie spürt genau, dass die beiden
Geister hier sind. Und wenn sie ihre Augen zusammenkneift und
ganz genau hinschaut, kann sie sogar ihre Umrisse erkennen!

Hast du die Geister auch schon entdeckt?
Schau mal hinter dem Sofa nach.

So geht das die ganze Adventszeit weiter. Jeden Abend gesellen sich die Gespenster zu Schneiders ins Wohnzimmer. Sie lassen die Fensterläden klappern und den Vorhang flattern und ab und zu mopsen sie sich auch ein Weihnachtsplätzchen. Laura nimmt die Schuld immer gerne auf sich – ihre Eltern würden ihr ja doch nicht glauben, wer da mit ihnen vor dem Adventskranz sitzt. Ach, wie toll das wäre, wenn die beiden Geister mit ihr Weihnachten feiern könnten. Aber wie soll das gehen?

Habt ihr eine Idee? Wie könnten Pep und Knurps
beim Weihnachtsfest dabei sein, sodass Laura sie sehen
kann, aber Mama und Papa nicht?

Schließlich fällt Laura die Lösung ein. Sie schreibt einen Zettel und legt ihn auf eine der Kisten auf dem Dachboden: »In dieser Truhe ist Papas altes Weihnachtsmannkostüm. Mit der Verkleidung könnt ihr mit uns feiern!« Daneben legt sie

noch ein Weihnachtsbilderbuch – damit Pep und Knurps auch wissen, was der Weihnachtsmann so macht.

Am nächsten Tag ist es so weit: Heiligabend!

Bevor die Geister an diesem Abend ins Wohnzimmer schweben, lesen sie Lauras Zettel und öffnen die Kiste.

Pep schnippt mit den Fingern und lässt den roten, schweren Umhang und die Zipfelmütze hervorschweben.

»Und was ist das?« Knurps zeigt auf einen flauschigen Wattebausch.

»Der Bart, und zwar der vom Weihnachtsmann!«, sagt Pep.

Sie pusten den Staub vom Weihnachtsmannkostüm herunter – hatschi!

Und dann kann es losgehen. Nein, halt – noch nicht ganz!

»Was für ein Geschenk bringen wir Laura denn mit?«, fragt Knurps.

Da schauen sie sich einfach noch mal genau um.

»Die ist perfekt!«, sagt Pep und schnappt sich eine alte Blumenvase.

Jetzt schwebt Knurps Pep auf die Schultern und sie steigen in das Kostüm. Bestens getarnt klopfen sie kurz darauf an die Wohnzimmertür: »Hoho, wir sind die Weihnachtsgeister! Äh, ich meine, der Weihnachtsmann!«, ruft Pep mit tiefer Stimme. Die Mütze hat er sich extra ganz weit ins Gesicht gezogen.

»Ja so was!«, staunt Lauras Mama.

»Onkel Klaus? Bist du das?«, flüstert Papa. »Na, komm erst mal herein!«

Der ungewöhnliche Weihnachtsmann geht mit möglichst schweren Schritten ins Wohnzimmer. Unter dem Baum verteilt er die Geschenke. »Ich habe gehört, ihr seid alle brav gewesen!«

Lauras Eltern nicken verdutzt und freuen sich über die schönen Mitbringsel.

Als ihre Eltern nicht hinsehen, zwinkert Laura Pep und Knurps zu.

»Wenn ich darf, würde ich euch auch gern mal zur Geisterstunde besuchen!«, flüstert sie. Dagegen haben die beiden Gespenster natürlich ganz und gar nichts einzuwenden.

Der Plätzchendieb

★ Mit Bildern von Jennifer Coulmann ★

Wir (also Mama, Nina, Papa und ich – ich bin Jan) backen vor Weihnachten immer vier Sorten Plätzchen: Nougathörnchen, Husarenkräpfchen (mit Marmelade drinnen – lecker!), Vanillekipferl und Butterplätzchen. Das sind die, die man ausstechen kann. Also Sterne, Weihnachtsbäume, Mondsicheln, Glocken und so weiter. Wir haben aber auch ganz lustige Ausstechförmchen. Einen Knochen zum Beispiel. Oder einen Elch. Das ist meine Lieblingsform! Nach dem Backen kann man die Plätzchen dann mit buntem

Kram oder Schokoguss oder sonst was verzieren. Das macht eigentlich am meisten Spaß bei der ganzen Weihnachtsplätzchenbackerei! So, genug geredet. Jetzt geht's los! Mama zieht ihre karierte Schürze an. Nina und ich kriegen auch Schürzen, auf denen ist ein grinsender Elch drauf.

Und Papa – der sitzt auf dem Sofa und guckt einen Krimi! Mitten am Nachmittag.

»Papa? Kommst du?«, drängele ich.

»Psssst«, macht Papa. »Ist gerade total spannend!«

»Aber wir fangen jetzt an!«

Doch Papa rührt sich immer noch nicht.

Könnt ihr Jan helfen, seinen Papa zum Aufstehen zu bewegen? Klatscht ganz laut in die Hände.

Da lacht Papa, rappelt sich vom Sofa auf und schlappt zu uns in die Küche. Er schiebt sich seine Brille auf die Nase, guckt ins Rezept und gibt die Sachen für die Nougathörnchen nacheinander in die Rührmaschine.

»Stopp!«, ruft Mama und springt an seine Seite. »Der Nougat ist noch viel zu hart! Und so schlägt man kein Ei auf – da bröckeln doch die ganzen Schalen rein.«

Papa seufzt, macht Mama Platz und schiebt sich zwischen Nina und mich. Wir sind ganz fleißig mit Ausrollen beschäftigt,

denn den leckeren Butterplätzchenteig hat Mama gestern schon vorbereitet.

»Warte, ich helfe mit!« Papa nimmt mir das Nudelholz ab und rollt den Teig glatt.

»Das ist viel zu dick!«, sage ich. »Das werden ja Monsterplätzchen!«

Papa seufzt und rollt weiter. Diesmal ganz fest und schnell.

»Zu dünn!«, ruft Nina. »So zerbrechen die doch!«

»Guck mal – so geht das!«, mische ich mich noch mal ein.

Kannst du Jan helfen und vormachen, wie man Plätzchen richtig ausrollt? Dazu brauchst du kein Nudelholz, mach einfach Pantomime.

Papa versucht es noch mal, dann gibt er mir das Nudelholz zurück. »Ich glaube, ihr könnt das ohne mich viel besser!« Schon schlurft er zurück ins Wohnzimmer und ab auf die Couch.

Nina stemmt die Arme in die Seiten. »Der will doch nur den Krimi gucken!«

»Pff, soll er doch. Selbst schuld!«, schnaube ich ein bisschen beleidigt. Wie kann man nur einen Krimi toller finden als Plätzchenbacken?

Also machen wir ohne ihn weiter. Die Rührmaschine rattert und rattert, wir rollen, formen und stechen aus.

Wollt ihr wieder mitmachen? Teig rühren, ausrollen, Plätzchen ausstechen … Wie sehen die typischen Bewegungen beim Plätzchenbacken aus?

Eine Sorte nach der anderen, Blech für Blech landet im Ofen. Der Duft zieht durch die Küche, aber naschen ist streng verboten.

»So, Pause!«, sagt Mama irgendwann und wischt sich mit dem Ärmel über das Gesicht. Ich lache, nun ist alles voller Mehl. Aber Nina und ich haben noch nicht genug. Im Gegenteil.

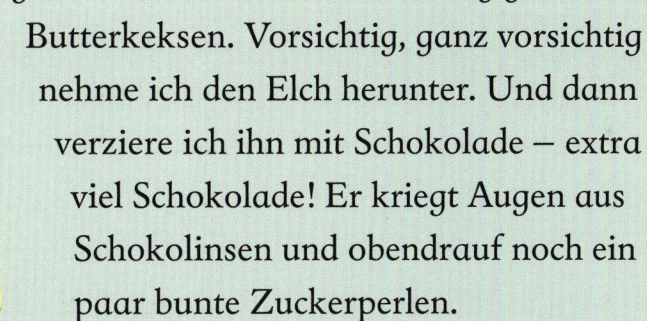

»Ich mach jetzt den tollsten Keks der Welt!«, sage ich und gehe an das Blech mit den fertig gebackenen Butterkeksen. Vorsichtig, ganz vorsichtig nehme ich den Elch herunter. Und dann verziere ich ihn mit Schokolade – extra viel Schokolade! Er kriegt Augen aus Schokolinsen und obendrauf noch ein paar bunte Zuckerperlen.

Wie stellst du dir deinen absoluten super Lieblingskeks vor? Was magst du am liebsten? Kannst du ein Bild von dem Plätzchen malen?

»Den fasst keiner an! Das ist meiner!«, sage ich. Und dann bin ich auch bereit für eine Pause.

Wir machen einen Winterspaziergang. Denn die Sonne  scheint und es ist klirrend kalt. Schööööön ist das! Nur Papa bleibt drinnen sitzen und guckt lieber noch den Schluss von seinem ollen Krimi, als draußen mit uns zu toben.

Doch als wir nach einer langen Schneeballschlacht mit roten Nasen und eiskalten Fingern wieder in die Küche kommen – da erstarre ich vor Schreck. Mein superduper Riesenplätzchen ist weg! Einfach verschwunden!

»Ein Dieb! Ein Dieb hat meinen Spezial-Elch-Keks geklaut!« Jetzt kann ich nur hoffen, dass ich ihn noch retten kann, bevor der Verbrecher ihn einfach verputzt!

Guck genau hin – hast du eine Ahnung,
wo der Keks hingekommen ist?

Zum Glück habe ich genug Detektivgeschichten gelesen! Mit der Nase am Boden verfolge ich die Krümelspur – bis zur Tür. Die geht in den Flur. Und dort? Niemand! Alles still!

»Pssst«, sag ich zu Nina, die an meiner Seite ist. »Vielleicht erwischen wir den Dieb auf frischer Tat!«

»Aber wo ist er hin, der olle Dieb?«, fragt Nina.

»Wir müssen noch mal ganz genau hinschauen!«

Und? Siehst du was?

»Da! An der Badezimmertür!«, sage ich.

Nina beißt sich auf die Lippe. »Der Dieb ist im Bad? Echt?«

»Wir werden es herausfinden!« Ich lege den Finger auf die Lippen und winke meine kleine Schwester hinter mir her.

Leise, ganz leise schubse ich die Tür auf.

Und im Bad ... ist niemand!

Siehst du noch eine verdächtige Spur?
Was hat der Dieb hier gemacht?

»Der Dieb hat sich hier nur die Hände gewaschen!«, sagt Nina.

»Und wo ist er jetzt?«, frage ich.

Wir gehen wieder in den Flur und lauschen. Hinter der Tür von Papas Arbeitszimmer hören wir ein Knistern!

Nina und ich nicken uns zu – und dann reißen wir die Tür auf. Da sitzt Papa – und an seinem Mund kleben Schokoreste!

»Du bist der Dieb!«, stoße ich hervor. »Wie konntest du nur? Das war mein Keks! Der tollste der Welt!«

Papa verschränkt die Arme. »Na, wenn ihr mich nicht mitmachen lasst!«

»Was? Du wolltest doch lieber fernsehen!«, schnaube ich. Vor Enttäuschung kriege ich kein Wort mehr raus.

Da gibt Nina mir einen Knuff. Und da merke ich es auch. Papa grinst! Er greift unter seinen Schreibtisch und zieht den Teller mit dem Elchkeks hervor.

»War doch nur ein Witz! Hier, eine kleine Entschädigung, weil ich so doof war vorhin!«

Denn Papa hat noch etwas unter seinem Schreibtisch versteckt, einen extra großen Schoko-Nikolaus. Den teilen wir uns auf der Stelle. Und bei der nächsten Ladung Plätzchen macht Papa dann so richtig mit!

Der allerschönste Weihnachtsbaum

★ Mit Bildern von Daniela Kunkel ★

Bis Weihnachten war es zwar noch etwas Zeit (17 Tage, um genau zu sein), aber Lenis Mama wollte trotzdem unbedingt heute schon den Baum besorgen.

»Sonst sind doch die schönsten weg – und ich will den aller-allerschönsten!«

»Klar, Schatz«, sagte Lenis Papa dazu und seufzte ganz leise. Denn er hatte die Sache mit dem Baum nun schon einige Male mitgemacht. Elf Mal, um genau zu sein. Leni war neun Mal dabei gewesen (denn sie war neun Jahre alt), aber sie konnte sich nur an ungefähr fünf Mal erinnern. Ihr kleiner Bruder Toni war heute zum zweiten Mal dabei (beim ersten Mal war er noch in Mamas Bauch gewesen).

»Ach, ist das nicht der perfekte Tag, um den Baum zu holen?« Lenis Mama grinste von einem Ohr zum anderen, als die Familie durch den Schnee stapfte.

Der war richtig schön tief und knirschte bei jedem Schritt. Und er glitzerte wunderschön, weil die Wintersonne am blauen Himmel strahlte.

Lenis Papa hatte sich seine Axt über die Schulter gelegt und

lächelte ebenfalls. Es war wirklich ein richtiger Gute-Laune-Nachmittag. »Dada – Eidödö!«, rief da Toni plötzlich.

Er zeigte auf einen Baum.

Leni kniff die Augen zusammen.

»Ein Eichhörnchen? Wo denn?«

Auch ihre Eltern guckten angestrengt, konnten es aber nicht entdecken.

Und du? Kannst du das kleine Eichhörnchen finden?

»Ach da! Wie süß!«, quietschte Leni.

»So, jetzt aber weiter«, drängelte ihr Papa. Sie stapften den Weg entlang – obwohl, vor lauter Schnee war der fast gar nicht mehr zu erkennen – und gingen in den Wald. Natürlich durfte man da nicht einfach irgendeinen Baum fällen. Ein Stück weiter stand eine Hütte mit einer Kasse und ringsherum war eine Fläche eingezäunt. Das waren die Bäume, unter denen sich Leni und ihre Familie einen aussuchen durften.

Lenis Papa klatschte in die Hände:

»Na, dann los!«

»Bäääääh!«, quäkte Toni plötzlich. »Lulle weg!«

Mama beruhigte ihn. »Dein Schnuller ist weg? Den finden wir schon wieder!«

Also machten sich erst mal alle auf die Suche.

Wo ist Tonis Schnuller gelandet?

Als der Schnuller endlich gefunden war, guckte sich die ganze Familie die Bäume genauer an.

»Der ist doch toll!«, fand Lenis Papa.

Lenis Mama hob die Schultern. »Ist der nicht ziemlich schief?«

»Dann den!« Lenis Papa zeigte auf den daneben.

»Also bitte, Schatz. So wie der aussieht, nadelt er uns schon vor Heiligabend davon!«

Leni sah währenddessen gar nicht mehr auf die Bäume. Sie kannte das schon, ihre Eltern wurden sich einfach nie einig – bis der Baum gefunden war, konnte es ewig dauern. Sie schaute sich so lange lieber die Spuren im Schnee an. Wie viele Tiere hier herum- gewuselt waren! An den Pfoten- abdrücken versuchte Leni sie zu erkennen.

Kennst du dich mit Spuren aus? Was für Tiere
sind hier im Wald herumgehuscht?

Tja und als Leni fertig war — da schmollte Mama und Papa
hatte die Arme verschränkt.

»Warum nehmen wir nicht einfach einen Plastikbaum? Dann
sparen wir uns diesen Ärger jedes Jahr!«, murrte er.

Leni rollte mit den Augen. »Hallo? An Weihnachten wird nicht
gestritten! Außerdem ist es so schön hier!«

Da räusperten sich die Eltern, Mama murmelte eine Entschul-
digung und Papa drückte ihr einen Kuss auf die Wange.

»Sagt mal, wo ist denn Toni?«, stieß Leni in dem Moment
hervor.

»Oh nein!«, rief Lenis Mama.

»To-o-o-oni!«, brüllte Lenis Papa, sodass sein Echo durch den
ganzen Wald hallte und die anderen Leute komisch guckten.

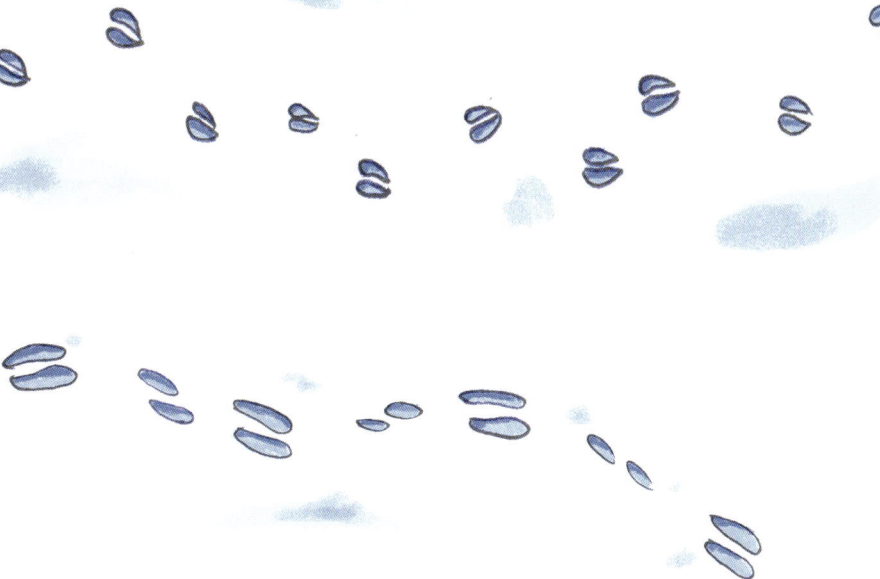

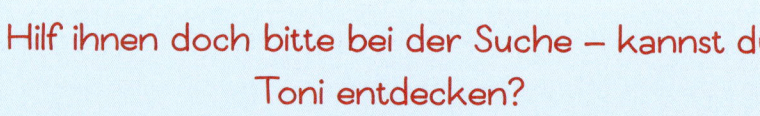

Hilf ihnen doch bitte bei der Suche – kannst du
Toni entdecken?

»Toni, was machst du denn da bei dem ollen Bäumchen?«,
fragte Mama.

»Ist mein Diddi-Baum!«, erklärte er.

»Dein Lieblingsbaum?« Papa kratzte sich an der Nase. »Der
ist doch total krumm und schief – und hat kaum noch Nadeln!«

Obwohl Lenis Papa das Ganze schon viel zu lange dauerte – der Baum war dann doch etwas zu mitleiderregend für seinen Geschmack.

»Schätzchen, wir nehmen einen größeren. Und schöneren!« Mama versuchte, ihren Knirps vom Baumstamm zu pflücken – vergeblich. Toni krallte sich fest wie ein Äffchen. Und weil alle Leute schon guckten, sagte Papa schließlich: »Na gut. Dann nehmen wir den!«

Und weil Toni wirklich laut schreien konnte, sagte auch Mama lieber nichts dagegen.

Erst grinste Toni, aber als Papa das Beil ansetzen wollte, plärrte er doch los! »Heeee! Neeee!«

Mama und Papa guckten sich hilflos an. Da wusste Leni zum Glück Abhilfe.

»Und wenn wir ihn ausbuddeln und in einem Topf lassen? Dann haben wir ihn auch gleich fürs nächste Jahr wieder!«

»Hm«, grübelte Mama, die langsam wieder nach Hause vor den warmen Kamin wollte. »Wenn man ihn richtig gut pflegt – dann wird er ja vielleicht wieder?«

Das hielten alle für eine tolle Idee und Papa tauschte das Beil gegen einen Spaten.

Obwohl der Baum so winzig war, hatte er ziemlich lange Wurzeln. Papa buddelte und buddelte und erst als die Sonne schon hinter den Bäumen verschwand, war er fertig.

Toni klatschte begeistert in die Händchen und Leni beschloss: »Wir nennen ihn Waldemar!«

Danach schleppten sie ihn nach Hause, pflanzten ihn in einen Topf und suchten die Kiste mit dem Christbaumschmuck. Äh, wo war die noch mal?

Findest du die Kiste?
Wie würdest du den Baum schmücken?
Mal doch ein Bild davon!

Ein ganz besonderer Adventskalender

★ Mit Bildern von Elli Bruder ★

Am ersten Dezember huschte Benni schon vor dem Zähneputzen ins Wohnzimmer. Barfuß und im Schlafanzug. Er merkte gar nicht richtig, wie kalt der Boden unter seinen Fußsohlen war. Weil er nur an eines dachte: seinen Adventskalender! Wie jedes Jahr hing der am Kamin. Eine dicke rote Kordel mit 24 kleinen Päckchen dran. Wo war nur das mit der Nummer eins? Ah! Da! Benni schnappte es sich und versuchte, die Schleife aufzumachen. Mensch, war das ein Doppelt-und-dreifach-Knoten oder was? Aber dann war das Päckchen offen. Hmmmm, ein Mini-Schokoweihnachtsmann! Knisternd pulte Benni die Folie herunter, ab in den Mund und weg!

»Benni! Schokolade vor dem Frühstück! Hättest du nicht etwas warten können?« Auf einmal stand seine Mama neben ihm. Auch im Schlafanzug und mit einer sehr, sehr wilden Frisur. Benni schüttelte den Kopf. »Darauf freu ich mich doch schon seit Wochen!« Dann guckte er etwas enttäuscht in das leere Päckchen. »Aber jetzt muss ich wieder einen ganzen Tag warten! Und überhaupt, wie lange ich noch warten muss, bis endlich Weihnachten ist!«

Schokoladennikolaus   118

Bennis Mama wuschelte ihm durch die Haare. Wahrscheinlich, damit er auch so eine wilde Frisur bekam. »Das geht schneller, als du denkst – und überhaupt, genieß die Vorfreude. Weihnachten ist so schnell rum!«

»Und so 'ne Mini-Schokolade so schnell weggemampft!« Sehnsüchtig guckte Benni auf das Päckchen mit der 24. Das war fast doppelt so groß wie die anderen.

»Dann machen wir das eben anders«, sagte Mama.

Benni riss die Augen auf: »Ich darf das große Päckchen jetzt schon öffnen?«

Mama lachte, obwohl das sein totaler Ernst gewesen war. »Nein, wir machen noch einen Adventskalender!«

Sofort sah Benni Schokoladenberge vor sich, aber da sagte Mama: »Einen ohne Schokolade!«

»Pffff«, schnaubte Benni. »Ein Adventskalender ohne Schokolade, das ist doch wie Weihnachten ohne Geschenke! Oder wie Nudeln ohne Soße!«

Aber dann erklärte Mama ihm, wie sie das meinte – und da fand Benni die Idee gar nicht mehr doof.

»Wir denken uns für jeden Tag etwas Besonderes aus. Eine nette Sache, die uns den Tag verschönert!«

»Fernsehen! Solange wir wollen!«, rief Benni sofort.

Mama grinste. »Ich meine irgendetwas, das wir sonst nie machen! Weil wir keine Zeit dafür haben.«

Grübelnd kratzte sich Benni an der Nasenspitze.

»Ich will in den Wald – zum Wildschweingehege!«

Mama guckte aus dem Fenster. Mit Runzelstirn. »Aber heute ist so ein Miesewetter. Machen wir das doch lieber morgen!«

Da stemmte Benni die Arme in die Seiten. »Aber das ist etwas, das wir nie machen – und schon gar nicht bei Sturm und Regen!« Tatsächlich ließ der Wind da draußen ganz schön die Äste an den Bäumen wackeln. Mama aber nickte. »Du hast recht. Wir ziehen uns warm an und dann ist das Wetter auch kein Problem mehr!«

Und so machten sie es. Benni wurde so dick eingepackt, dass er ohne Probleme in jede Pfütze hüpfen konnte. Außerdem war es toll, wie der Wind ihm um die Ohren pfiff. Und den Wildschweinen war das Wetter sowieso ringelschwanzegal. Die grunzten fröhlich vor sich hin.

> Kannst du die passenden Geräusche nachmachen:
> das Pfützenhüpfen, den pfeifenden Wind,
> die grunzenden Schweine …?

Am Abend setzten sie sich mit einer Tasse Tee vor den warmen Ofen.

»Und was machen wir morgen?«, fragte Benni und wackelte vorfreudig mit den Zehen.

»Schwimmbad!«, sagte Mama sofort. »Da war ich ewig nicht mehr!«

Auch für den dritten Tag wusste Benni gleich was: »Wir backen Pfannkuchen. Du musst dringend das mit den Saltos noch mal üben – also, dass der Pfannkuchen sich in der Luft dreht!«

Mama lachte. »Na, hoffentlich landet er nicht wieder auf dem Fußboden.«

Und so wurde es gemacht: erst Schwimmbad, dann Pfannkuchen. An Tag vier stand ein Spielenachmittag auf dem Pro-

gramm und am fünften Tag ein spontanes Kaffeekränzchen mit Onkel Berni und Bennis Cousine Thea. Die waren schon ewig nicht mehr zu Besuch gewesen!

An Tag fünf bastelten sie richtig tolle Weihnachtssterne für das Fenster und an Tag sechs besuchten sie Frau Knolle, die alte Nachbarin, und brachten ihr Plätzchen vorbei. Außerdem gingen sie ins Museum, sie fuhren Karussell auf dem Weihnachtsmarkt (im Dunkeln! Wie da alles drumherum funkelte!) und sie machten ein Lagerfeuer im Garten, um Stockbrot zu rösten. Mitten im Winter!

Kurzum, jeden Tag fiel ihnen etwas Tolles ein!

»Schade, dass bald schon Weihnachten ist«, fand Benni. »Obwohl ...« Er grinste Mama an. »Eigentlich kann man sich ja jeden Tag Zeit für etwas ganz Besonderes nehmen!«

Mama nickte – und ihr Blick fiel auf den Adventskalender. »Benni! Du hast ja seit Tagen kein Päckchen mehr geöffnet!«

»Huch! Das hab ich ganz vergessen!« Benni grinste: »Wenn du brav bist, geb ich dir was ab!«

Welche Ideen hast du für einen besonderen
Adventskalender?

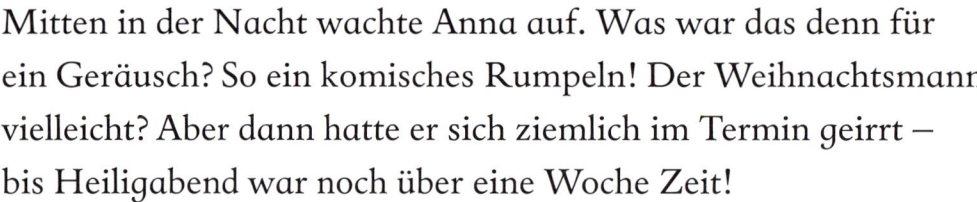

Total außerirdisch!

★ Mit Bildern von Stefanie Jeschke ★

Mitten in der Nacht wachte Anna auf. Was war das denn für ein Geräusch? So ein komisches Rumpeln! Der Weihnachtsmann vielleicht? Aber dann hatte er sich ziemlich im Termin geirrt – bis Heiligabend war noch über eine Woche Zeit!

Anna rieb sich die Augen, strampelte ihre Decke weg und kletterte aus dem Bett. Sie ging ans Fenster und guckte hinunter in den Garten. Was war denn das? Ein riesiges, rundes, leuchtendes Ding. So groß, dass es fast den ganzen Rasen ausfüllte. Es blinkte und blitzte und gab surrende, ratternde Geräusche von sich. Und davor – stand eine kleine Gestalt. Es war kein Mensch. Aber auch kein Tier!

»Ein Außerirdischer!«, flüsterte Anna. Ihr Herz raste. »Ein echter Außerirdischer!«

Und jetzt? War der gefährlich? Musste sie in Deckung gehen? Sollte sie besser ihren Eltern Bescheid sagen?

Da merkte sie, dass das winzige Wesen ihr zuwinkte. Und es sah eigentlich richtig freundlich aus! Anna holte tief Luft und öffnete das Fenster.

»Hallo, ich bin Anna – und wer bist du?«, fragte sie. Gerade so laut, dass der kleine Besucher sie hörte, sie aber nicht ihre Eltern

weckte. Vielleicht war es besser, wenn die von dem ungewöhn-
lichen Gast nichts mitbekamen. Erwachsene waren ja immer
etwas schwierig.

»Mimint!«, rief der kleine Gast. »Ich kimmi zi dir hich!«

»Wie bitte? Ich kann leider nicht so gut Außerirdisch«, erwiderte Anna, aber da war das Männchen schon zu ihr nach oben
geschwebt und hatte sich, mit baumelnden Beinen, auf dem
Fensterbrett niedergelassen.

»Schin hir if dir Irdi!«

»Äh, wie bitte?« Anna verstand nicht einen Pieps!

Nun kicherte das Männchen. »Keine
Sorge. Ich kann auch deine Sprache.
Aber meine ist ganz leicht zu lernen –
eigentlich ist sie deiner sehr ähnlich!«

Anna kniff die Augen zusammen.
»Na ja, ich weiß nicht so recht ...«

Aber da erklärte ihr der Außerirdische
die Regeln seiner Weltraum-Sprache.
»Min Nimi ist Tim!«, sagte er.
»Das heißt: ›Mein Name ist Tom!‹
›Di hißt Inni!‹ Das bedeutet: ›Du heißt
Anna!‹«

»Aaaaah!« Jetzt verstand Anna. »Man
muss jeden Vokal durch ein ›i‹ ersetzen!«

Schon probierte sie es selbst: »Bild ist ...«
Oh, dann wurde es schwer. »Weihnachten«,

wollte Anna sagen. Sie überlegte noch mal. »Wihnichtin!«, stieß
sie schließlich hervor.

Verstehst du, was Anna gesagt hat? Kannst du Tims
Sprache auch sprechen? Los, probier es aus!

»Wuhnochtin. Was ist das denn?« Der Außerirdische hüpfte in
Annas Zimmer.

»Das heißt Weihnachten und es ist das Tollste überhaupt!«,
kicherte Anna. »Da gibt es Plätzchen und Geschenke und einen
Weihnachtsbaum! Wir singen Lieder, spielen Flöte ... Ach, das
ist sooooo schön!«

Aber auf Toms Planeten gab es all das nicht und Anna führte
den Außerirdischen erst mal ins Wohnzimmer. »Aber leise –
meine Eltern drehen durch, wenn sie dich sehen!«

Sie schlichen die Treppe hinunter und hinein in die gute Stube.
Der Weihnachtsbaum stand auf dem Teppich. Anna knipste die
Lichterkette an. »Oooooh! Wie lecker!«

»Lecker?«

Ehe Anna sich's versah, hatte Tom den Baum schon angeknabbert. Ein ganzer Ast war in seinem Mund verschwunden – mitsamt Christbaumkugel!«

»Mhhhh!«, mampfte er. Das Glas knirschte zwischen seinen
Zähnen. »Das runde Ding war besonders lecker!«

»He! Stopp! Du kannst doch nicht unseren Baum aufessen!«

»Nicht?« Tom guckte etwas enttäuscht und machte ein kleines Bäuerchen.

»Zum Essen sind die hier da!« Anna reichte Tom die Keksdose. Er biss hinein – allerdings in die ganze Dose. Schon war ein riesiges Loch darin!

»So geht das nicht«, protestierte Anna.

Aber da hatte Tom schon den Adventskranz angebissen. Und sogar ein ganzer Kerzenständer war mit einem Happs in seinem Mund verschwunden.

»He! Hör jetzt sofort auf! Du machst alles kaputt. Meine Eltern drehen durch, wenn sie das sehen!«

Da wackelte Tom beschämt mit den Ohren. »Das wollte ich nicht. Ich kenn mich nur nicht so gut aus mit euren Sitten!«

Dann rieb er sich den Bauch. »Aber ehrlich gesagt, ich bin noch gar nicht richtig satt.« Gierig guckte er Richtung Weihnachtskrippe, die unter dem Baum aufgebaut war.

»Bloß nicht!«, warnte ihn Anna. »Aber wir finden bestimmt noch was für dich.«

Zum Glück stellte sich heraus, dass Tom Weihnachtsstollen liebte – na ja, und die Folie drumherum,

die schmeckte ihm auch ganz besonders köstlich.

»Weihnachten ist wirklich toll!«, schmatzte er. Dann war es aber Zeit für ihn, wieder in sein Raumschiff zu steigen. Vorher schnippte er noch einmal mit den Fingern – und schwups, waren alle Sachen, die er angeknabbert hatte, wieder heile. Anna seufzte erleichtert. Zur Erinnerung setzte sie Tom eine Weihnachtsmannmütze auf den Kopf.

»Komm mich doch auch mal besuchen!«, rief er, ehe er in seinem Raumschiff davonratterte.

Anna winkte ihm noch lange hinterher.

Wie feiern die Außerirdischen wohl Weihnachten?
Hast du eine Idee?

Der erste Advent

★ Mit Bildern von Jennifer Coulmann ★

Eigentlich war heute ein toller Tag. Der erste Advent! Das bedeutete, die erste Kerze am Adventskranz wurde angezündet und endlich gab es Weihnachtskekse. Die hatten die Zwillinge Emma und Moritz mit ihrem Papa gebacken. Drei verschiedene Sorten. Den ganzen Tag schon schlichen sie um die Dose herum.

»Erst heute Abend, wenn es dunkel ist und die Kerzen flackern«, beharrte Papa und Mama war genauso streng.

Aber vor dem Abend lag noch ein ganzer langer Nachmittag. Ein unendlich langer Regen-Nachmittag! Die Tropfen platschten nur so an die Scheibe und der Sturm ließ sogar die Weihnachtskugeln klirren, die Papa an die Fenster gehängt hatte.

»Da fällt der Spaziergang wohl ins Wasser«, sagte Mama. Dabei hatten sie einen Ausflug in den Tierpark geplant.

Moritz stöhnte. »Oh Mann, ist das langweilig!«

»Aber echt. Verregnete Adventssonntage sind das Blödeste überhaupt!«, sagte Emma.

»Find ich nicht«, sagte da Papa. »Die sind das Allertollste! Na gut, mit blauem Himmel und Schnee sind sie auch nicht schlecht. Aber bei Superwinterwetter kann man doch gar nicht so schön gemütlich im Wohnzimmer herumlungern!«

»Herumlungern ist superlangweilig!«, motzte Moritz, schmiss sich rücklings aufs Sofa und gähnte.

»Eben! Und superlangweilig ist super!«

»Na klar, Papa!« Emma rollte mit den Augen – und grinste dabei. Sie war ziemlich neugierig, was jetzt kam.

»Rück mal!« Papa schob Moritz' Beine beiseite und setzte sich mit auf die Couch. Emma quetschte sich daneben und Mama ließ sich auf dem Lesesessel nieder.

»Weil, wenn man viel zu tun hat, dann hat man keine Zeit für Langeweile und wenn man keine Zeit hat, na ja, dann kann man sich auch nicht supertolle Adventsspiele ausdenken!«

»Adventsspiele?« Moritz setzte sich in den Schneidersitz.

»Zum Beispiel Weihnachtsgeschichten balancieren!« Papa tippte auf das Weihnachtsgeschichtenbuch, das vor ihm auf dem Tisch lag.

»Man setzt es sich auf den Kopf und geht im Slalom um die Möbel herum.«

»Pffff, ist doch albern!«, murrte Moritz.

»Und wer es schafft, der darf einen Keks essen!«, fügte Papa hinzu.

»He, die Dose bleibt zu bis heute Abend!«, sagte Mama.

»Oh nein – das widerspricht den Regeln!«, erwiderte Papa. Da musste Mama grinsen und Papa machte die Dose auf. Emma und Moritz mussten sich sehr zusammenreißen, um sich nicht daraufzustürzen.

Schnell baute Papa ein paar Hindernisse auf: zwei Bücherstapel, einen Sitzhocker und den Zeitungsständer.

»So, wer fängt an?«

Papa hielt das Weihnachtsbuch in die Luft und Moritz schnappte es sich. Vorsichtig auf den Kopf gelegt und dann, sachte, ganz sachte, Schritt für Schritt im Slalom durch das Wohnzimmer.

Machst du mit? Schaffst du es, dieses Buch hier durch das Zimmer zu balancieren und ein Weihnachtsplätzchen als Belohnung einzuheimsen? Vielleicht hast du ja auch noch Ideen für einen lustigen Parcours?

Ein paar Mal, in den Kurven, rutschte das Buch fast runter und alle hielten vor Spannung die Luft an.

»Geschafft!«, rief Moritz schließlich, grapschte in die Dose und knurpste zufrieden los. Dann war Emma dran.

Emma machte Ballett und leichtfüßig zu tänzeln war für sie

ein Klacks! Auch sie schaffte es ohne Zwischenfall ins Ziel und durfte sich ein Plätzchen nehmen.

»So, Schatz – jetzt du!« Papa nickte Mama zu.

»Ach, ich hab gar keinen Hunger«, sagte Mama.

»Für Kekse muss man doch nicht hungrig sein«, wunderte sich Moritz und warf schon wieder einen gierigen Blick zur Dose. Ein Keks war nun mal fast kein Keks!

»Du zuerst!«, sagte Mama – na ja und Papa, der stellte sich schon ziemlich doof an. Zwei Mal rutschte das Buch runter, aber weil Emma und Moritz sehr nette Kinder waren, sagten sie ihm einen Trostkeks zu. Also, einen kleinen.

Und wie stellen sich die Erwachsenen bei dir an?

»So und was spielen wir jetzt?«

»Den Turmbau zu Weihnachten«, sagte Papa. »Wer die meisten Kekse aufeinanderstapeln kann, ohne dass der Turm zusammenkracht, hat gewonnen!«

»Aber diesmal gibt es eine andere Belohnung für den Sieger. Sonst mampft ihr ja gleich die ganze Dose leer«, sagte Mama.

»Und was?«, fragte Emma.

Da wühlte Mama in ihren vielen Schubladen und zog einen kleinen bunten Weihnachtsengel aus Holz hervor. »Der ist für den höchsten Turm!«

Baut mit! Wer schafft den höchsten Turm? Wenn du keine Kekse hast, nimm einfach etwas anderes.

Mit den glatten Butterkeksen klappte es am besten. Aber immer, wenn der Turm einkrachte, zerbrachen so einige der Plätzchen. Doch Mama meckerte schon längst nicht mehr, sondern mampfte lieber die Krümel.

Draußen war es inzwischen dunkel geworden.

Mama zündete den Adventskranz an. »Kekse brauchen wir jetzt ja nicht mehr«, sagte sie. Aber sie klang ganz zufrieden.

Alle vier saßen sie zusammen auf der Couch und guckten in die flackernden Flammen.

»Das war wirklich ein superlangweiliger Regen-Nachmittag«, schwärmte Moritz.

»Ach, ist der schon vorbei?«, fragte Emma.

Mama gab Papa einen Stups. »Na ein Spiel wird dir doch noch einfallen, oder?«

Und? Fällt dir noch etwas ein?

So ein Weihnachtstheater!

★ Mit Bildern von Daniela Kunkel ★

Natürlich freut sich jeder auf die Weihnachtsferien. Aber die Schüler der 2 b ganz besonders. Denn am letzten Schultag hat die Klasse etwas ganz Tolles vor: eine Weihnachtsfeier. Da werden alle Eltern und Geschwister eingeladen. Auch Omas und Opas dürfen kommen und gegen Tanten und Onkel hat natürlich auch niemand was. Es gibt Plätzchen und Punsch, es wird gesungen und – das Allerwichtigste und Alleraufregendste – die Kinder führen ein Krippenspiel auf! Dafür laufen die Vorbereitungen schon seit November. Erst haben sie die Kulissen gebastelt. Einen großen leuchtenden Weihnachtsstern aus Pappe. Und eine blaue Wand mit ganz vielen kleinen Glitzersternen. Jetzt geht es an die Proben. Olli spielt Josef. Das ist schon lange klar. Er klebt sich einen wuscheligen Bart ins Gesicht und Sina, mit ihren langen braunen Haaren, wird die Maria sein. Die drei Weisen aus dem Morgenland spielen Simon, Laura und Nala. Aber auch die anderen sollen eine Rolle in dem Stück bekommen, findet Herr Kraus, der Klassenlehrer.

»Habt ihr noch Ideen?«, fragt er seine Schüler.

Bella meldet sich sofort: »Der Ochs und der Esel!«, ruft sie. Herr Krause nickt. »Genau.«

»Hund und Katze!«, schlägt Erik vor.

»Gute Idee«, findet der Lehrer. »Bei unserem Krippenspiel spielen einfach jede Menge Tiere mit!«

Und dann gehen ganz viele Finger hoch:

»Ein Pferd!«, ruft Anna-Lena.

»Eine Ziege!«, schlägt Steffen vor.

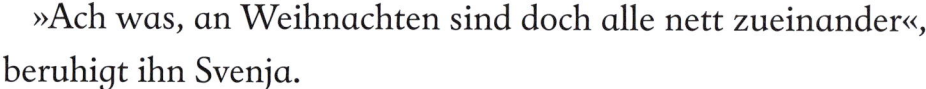

»Ein Löwe!«, lacht Lars.

Herr Krause kratzt sich am Kopf:

»Na, dass der mal nicht die Ziege frisst!«

»Ach was, an Weihnachten sind doch alle nett zueinander«, beruhigt ihn Svenja.

Herr Krause zählt durch. »Ein paar Tiere brauchen wir noch!«

»Ein Affe!« ist Beas Vorschlag.

»Eieiei, da ist dann aber was los im Stall zu Bethlehem!« Herr Krause wackelt mit dem Kopf. »Hm, wie sollen Josef und Maria und das Jesuskind eigentlich noch mit hineinpassen?«

»Kuscheln ist doch gemütlich!«, findet Leon. »So ungefähr wie in der Arche Noah!«

Da ist Herr Krause zufrieden. Nun ist es aber an der Zeit festzulegen, wer welches Tier spielt.

Dafür ist ein Vorsprechen angesagt.

Erst einmal sind die typischen Krippentiere dran.

»Also, wer mag den Ochsen spielen?«

»Ich!«, ruft Lars.

»Na, dann schauen wir mal, ob du dafür der Richtige bist!«

Herr Krause winkt ihn nach vorne ans Pult. Lars stellt sich hin und macht ...

Du bist dran! Kannst du rufen wie ein Weihnachtsochse?

Die ganze Klasse kichert und klatscht.
Auch Herr Krause lächelt.
»Wunderbar! Dann brauchen wir jetzt noch einen Esel, bitte schön!«

Svenja schnippt mit den Fingern: »Bitte! Ich! Ich liebe Esel!«
Also darf auch sie nach vorne zum Vorsprechen. Oder besser
zum Vor-i-aen.

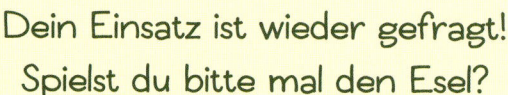

Dein Einsatz ist wieder gefragt!
Spielst du bitte mal den Esel?

»Gut, du bist engagiert!«, sagt der Lehrer.
»Dann brauchen wir noch eine Ziege? Wer mag?«
Jetzt gehen gleich mehrere Finger in die Luft.
»Kein Problem. Ziegen sind klein, da passen
auch ein paar mehr in den Stall!« Herr Krause
nickt, dann zählt er bis drei und es wird losge-
meckert:

Eins, zwei, drei – du bist dran. Und es muss dich
auch noch jemand unterstützen!

»Wird doch!«, sagt Herr Krause. »So, wer fehlt noch? Genau,
das Weihnachtspferd!«
Weil es ganz schön viele Pferdefans in der Klasse gibt, gehen
da noch mehr Finger nach oben. Aber ein Pferd ist ziemlich

groß, also muss die Klasse entscheiden, wer am besten wiehern kann!

> Dein Einsatz! Wiehere so schön, wie du kannst.
> Vielleicht ja sogar eine Weihnachtsmelodie?

Hinterher haben schon recht viele Kinder ihre Rolle. Aber ein paar Tiere fehlen noch.

»Den Löwen brauchen wir noch. Aber ich bitte darum, feierlich und weihnachtlich zu brüllen«, sagt Herr Krause.

Anna-Lena ist der Meinung, dass sie das prima kann, und gibt ihren Mitschülern ein kleines Ständchen:

> Kannst du das bitte übernehmen?
> Ein winterlich-weihnachtliches Löwengebrüll – aber so,
> dass die anderen Tiere nicht erschrecken!

Ein ganzer Tierchor steht nun schon im Klassenzimmer.

»Ach, Hund und Katze haben wir ganz vergessen«, stellt Herr Krause fest.

»Und den Affen!«, ruft Erik.

Passenderweise sind noch genau drei Kinder übrig.

»Also los, erst der Affe!«, ruft der Lehrer.

Du bist dran!

»Perfekt – und jetzt ein Weihnachtshund!«, bittet Herr Krause. Auch für die Rolle findet sich sofort jemand:

Los! Spiel den Weihnachtshund!

»Ihr seid super«, lobt der Lehrer. »Fehlt also nur noch die Katze!«

Und zu guter Letzt ein festliches Miau, bitte schön und danke schön!

»Wunderbar«, freut sich Herr Krause. »Dann bitte jetzt noch mal alle Tiere zusammen – als kleines Abschlussständchen!«

Kannst du jedes Tier noch mal zu Wort kommen lassen?

»Dann benötigen wir jetzt nur noch die passenden Kostüme –
ich schlage vor, wir basteln Tiermasken aus Pappe.« Lachend
schüttelt Herr Krause den Kopf. »Na wenn das nicht die ver-
rückteste Krippe aller Zeiten wird!«

© 2018 Carlsen Verlag GmbH, Völckersstraße 14–20, 22765 Hamburg
Texte: Judith Allert
Illustrationen: Elli Bruder, Jennifer Coulmann, Stefanie Jeschke, Daniela Kunkel
Umschlagillustration: Daniela Kunkel
Gestaltung und Satz: Doris Katharina Künster
Lektorat: Marlen Bialek, Katharina Eisele
Lithografie: Buss & Gatermann GmbH u. Co. KG, Hamburg
ISBN 978-3-551-51053-2
www.carlsen.de